JN408668

# 어느 모자의 母子 초상

| 소강석 시집 |

국립중앙도서관 출판예정도서목록(CIP)
어느 모자의 초상 / 지은이: 소강석. — [서울] : 문학공원, 2015
ISBN 978-89-6577-148-7 03810 : ₩10000
한국 현대시[韓國現代詩]
811.7-KDC6
895.715-DDC23 CIP2015022422

문학공원 기획시선 9

# 어느 모자의 母子 초상

| 소강석 시집 |

문학공원

시집을 내며

# 시대를 소통하게 하는 사랑의 다리가 되어

시를 쓰지 짧은 세월은 아니다. 그러기에 내 시에도 역사가 있고 성숙이 있고 발전이 있다는 사실을 깨달았다. 처음에 낸 시집들을 보면 지금 너무 유치하고 어설프게 느껴진다. 어떤 시를 읽노라면 닭살이 솟을 때가 있다. 그래도 그때 역시 나는 시인의 마음을 가지고 썼다. 시를 쓰려면 먼저 시심이 있어야 한다. 그리고 그 마음을 품고 시답게 시를 써야 한다. 이런 걸 생각하면, 아직도 가야할 길이 멀다.

특별히 명시인들의 시를 보면 더 절실하게 느낄 때가 있다. 그러나 나는 시인이자 목사이다. 존재에 대한 향수, 원형에 대한 끝없는 동경을 추구한다. 그래서 사물시 보다는 관념시에 가깝다. 목사와 시인의 길, 세사상과 예언자의 길을 걸으며 사물과 관념 사이에 유착된 사랑의 신비를 형상화시키려고 했다.

나는 이런 마인드를 가지고 시를 쓴다. 다분히 순수 시인의 서정과 감성도 있지만, 목회자로서 제사장과 예언자의 가슴으로 모든 것을 사랑으로 보고 느끼고 대하고자 하였다. 지금도 시는 시대를 소통하게 하는 사랑의 다리가 되어야 한다고 생각한다. 그러기에 시인은 세상의 제사장이요 예언자적인 역할을 해야 한다. 그런데 시가 점점 현대인들로부터 외면을 당하고 있다. 인지적, 감성적 소통이 없고 제사정적인 마인드가 없기 때문이다.

옛날에는 서점에서 시집을 읽고 있는 풍경이 흔했다. 그런데 지금은 거의 찾아볼 수가 없다. 갈수록 사람들의 내면이 황폐해지고 엽기적이며 관능적이고 자극적인 것만을 좋아한다. 시인들도 자기만 아는 시, 너무 낯설게 하기 위해 비틀고 난삽한 해체시를 쓰는 경향이 있다. 그러나 시가 문학적 귀족주의에만 빠져도 안 된다. 시에는 소통이 있고 사랑이 있고 생명이 있고 따뜻한 정감이 있어야 한다. 제사장적인 온기와 시대를 향한 예언자적인 메시지가 있어야 한다. 부족하지만 그런 마음을 가지고 시를 썼다.

여전히 내가 걸어가야 할 시의 길이 멀고 아득하다. 그래서 어쩌면 더 설레고 행복하다. 나는 걷고 또 걸을 것이다. 등불을 밝히고 또 밝힐 것이다. 서재에서 홀로 밤을 새운지도 모르고 책장을 넘기던 기억, 시어들 하나하나를 영혼의 숨결로 더듬으며 고쳐가던 시간들… 그 숱하게 새운 하얀 밤과 숨결의 언어를 바친다. 부디, 시집을 읽는 모든 이들의 가슴에 따뜻한 사랑과 순백의 정화가 깃들기를 바란다.

2015년 9월

새에덴교회 담임목사 소 강 석

Contents

# 2부 내 마음 강물되어

Contents

4부
싯딤나무의
기도

# 1부 꽃잎과 바람의 노래

# 꽃씨

언제부턴가 꽃씨가 사랑스럽습니다
그래서 마음의 뜨락에 꽃씨를 심습니다
세상 가득 향기로 덮고 싶기에
이젠 꽃을 꺾어 선물하지 않으렵니다
그보다 꽃씨를 나누어주고
그 마음에 뿌려주기로 했습니다
더딜 지라도
코끝에 물씬 풍기는 향기 없을지라도
한 아름 안겨주는 화사함 덜할지라도
오늘도 꽃씨를 뿌립니다
마음의 밭을 일구어 열심히 꽃씨를 뿌립니다

그날
사랑하는 사람들 안에서
향내 가득하고
이 세상 꽃들로 가득하게 될 때를 기다리며
그리고
이 세상을 떠나는 날
나는 이 꽃씨들을 천국에 가져가렵니다.

## 소풍

당신과 함께 소풍을 가고 싶네요
당신은 나의 선생님
나는 당신 소년
그날은 아지랑이도 피어오르고
종달새도 울어야 하겠지요
새하얀 옷을 입고 갈게요
연분홍 새 옷을 입고 오세요
풀잎 향기 그윽히 피어나는
연초록 잔디 위에 앉아
연분홍의 당신을 마주보며

도시락을 까먹고
보물찾기도 하며
술래잡기를 하다가
파랑새 날개를 타고
푸른 하늘 저어 편으로
훌훌 떠나고 싶습니다.

# 상여 나가는 날

하얀 꽃 노란 꽃 분홍 꽃으로
황홀토록 아름답게 단장한 꽃상여가
마을 한 가운데로 나가는 날은
온 동네 사람들의 구슬픈 행사였다
선소리꾼의 만가소리에
노인들의 가슴은 미어지고
상여꾼들의 화답소리와 유족들의 곡하는 소리는
어린 소년들의 가슴까지 후벼 놓았다
꿀맛 같았던 작은 인절미도
목이 메여 넘어가질 않았으니
벌써 나이 죽음을 선험先驗했던 걸까
이젠 꽃상여를 볼 수도 없고
구슬픈 만가소리를 들을 수도 없어
우리에게 죽음이 그려러니 여겨지고 있는 걸 보니
꽃상여가 그리워진다
봄 길에 아지랑이 아롱아롱 피어나듯
둥실둥실 떠나가는
꽃상여를 타보고 싶다.

## 산에 와서 · 1

당신을 뵐 면목이 없습니다
참으로 오랜만에
그을린 장작개비 모습으로
당신 품에 왔습니다
당신의 푸르른 인애로
더러운 마음 씻어달라는 말조차
차마 나오지 않습니다
선행을 하면 얼마나 하고
탑을 쌓으면 얼마나 높이 쌓는다고
요란하게 살아온 삶이 부끄럽기만 합니다
이제 당신의 마음을 쌓게 해 주십시오
다시 저 녹색 산바람으로
내 영혼 깊은 곳까지 씻어 내리어
세상 속에서 당신의 거대한 산을 이루게 해주십시오.

## 내 고향 5월

내 고향 5월은 온통 나비천지
꽃잔디로 단장한 길가에
나풀나풀 나비 날아오르고
유채꽃 노란 물결 이룬 들녘에는
큰 나비 작은 나비
축제를 이루었지
바람이 불면 꽃들이 살랑살랑
나비들도 함께 살랑춤을 추었어
나비와 술래잡기하는
나비 소년과 나비 소녀의 모습이
더 아름다운 축제를 만들었고
내 고향 5월은 영원한 나의 동심
달빛 아래 쓴 편지 같은
잊을 수 없는 첫사랑

## 국어선생님

당신 때문에 좋아했던 국어
당신만큼이나 기다렸던 국어시간
소년의 가슴은 그렇게 설레었는데
지금은 몇 살쯤 되셨을까요
백발의 할머니가 되어있나요
저를 기억하고 계신가요
사랑해선 안 될
당신을 사랑했던 죄
이제야 고백합니다
그러나 그 사랑 때문에
이제는 다른 이의 가슴에 꽃씨를 뿌리는
시인이 되고 문사가 되어 있네요
세월이 흘러도 여전히 당신은
처녀 국어선생님
당신 앞에서 나는
영원한 중학교 1학년 학생

# 詩

꽃을 찾으면 꽃향내음 찾아오고
사랑을 부르면 그도 찾아오는데
오늘은 왜 시가 오지 않습니까
시인이 시를 부르는데도
시는 오지 않고
내 마음 구름 속에만 떠 있으니
도대체 시는 어디 있는 겁니까
남의 시집을 봐도 시 같지가 않고
내 시집을 봐도 시로 보이지 않으니
제발 한 줄로라도 오소서
두 세 줄이면 더 좋고요

아, 이제 알았네요
당신은 내가 붙잡는 것이 아니라
찾아와야 비로소 붙잡을 수 있다는 것을.

# 밀물과 썰물

다가올 땐 그토록 숨 가쁘게 오더니
떠나실 땐 뒤도 안 돌아보고 가시나요
가슴이 에이도록 사랑한다고 하더니
이제는 미련도 없이 가버리네요
그렇게 떠나버린 당신이
또 가슴 태우며 찾아오는 이유는 무엇입니까
그렇게 사랑하고 멀어지고
또 멀어지고 사랑하고
그리움은 밀물을 부르고
썰물은 고독을 남겨놓고
밀물은 새하얀 물꽃을 피우고
썰물은 외로운 물망초만 남기고

암초인 나는 누구여야 하는 가요.

## 우편함

지금 나의 존재는 무엇입니까
찾는 사람도 없고
들어오는 편지도 없고
고작 공과금 고지서뿐인가요
왜 사랑의 서신은 한 통도 없고
그걸 찾으러 오는 이도 없고
이메일에 모든 걸 빼앗겨 버린 채
이렇게 서 있어야 하는 나
봄은 가고 꽃도 지고 사랑도 지고
그래도 나는 이대로 서 있어야만 합니까
여름에는 비를 맞고 겨울엔 눈을 맞으며
쓸쓸하게 누구의 사랑을 기다려야 합니까?

# 마네킹을 닮고 싶다

당신을 닮고 싶습니다
목마르도록 당신을 닮고 싶어
이토록 간절하게 서 있네요
손과 발, 그리고 눈동자
하얀 피부
모두 당신을 닮았습니다
저는 조각상과는 다르지요
빼어난 옷을 입고
머리도 가지런히 빗었습니다
하지만 그대의 혼이 없으니
서럽기만 합니다
손길 좀 내밀어주세요
당신의 호흡, 체온
사랑의 속삭임을 주실 순 없나요.

## 암사슴이 되고 싶어요

뿔이 없어 가냘프고
모가지가 길어 맹수 눈에 잘 띄던
옛적 마하나임[1]의 암사슴
청초한 이슬을 먹으며
항수에 목말라 서럽던
그 옛날 미살산[2]의 암사슴
머언 하늘을 바라보고
님이 그리워 눈물이 음식이 되던
옛시절 헤르몬[3] 산의 암사슴
주여! 오늘 그 사슴이 되고 싶어요
사슴, 사슴, 그 사슴!
당신의 암사슴이 되고 싶어요.

1) 성경에 나오는 요단강 동편 5km 지점의 산. 다윗이 압살롬의 반란을 피하여 숨었던 곳.
2) 다윗이 반란군을 피하여 숨었던 산, 정확한 위치는 알려지지 않음.
3) 갈릴리 북쪽 산악지대의 높은 산, 다윗은 한 마리의 암사슴처럼 압살롬의 반란을 피하여 깊은 산에 숨어 도망 다녀야 했다.

## 나비 戀歌

봄 향기 그윽한 작은 동산에서
당신은 꽃 피고
나는 당신의 나비
꽃이 핀지 오래 되어 다른 나비가 지나갔어도
나비는 그대가 좋습니다
그대 향내음에 나비는 어쩔 수 없어
그대 품으로 달려갑니다
바람이 불고 비 오는 날도
그대 품속에 안겨 있다가
꽃잎 떨어질 때 나도 함께 떨어지렵니다
날개가 부서지고 호흡이 끊어질 때도
그대 향취에 젖어 노래할 것입니다

한번 밖에 없던 삶
후회 없는 삶이었다고
햇살보다 눈부신 삶이었다고.

## 꽃잎과 바람

꽃잎은 바람에 흔들려도
바람을 사랑합니다
꽃잎은 찢기고 허리가 구부러져도
바람을 사랑합니다
누구도 손 내밀지 않고
아무도 다가오지 않은 적막의 시간
바람은 꽃잎을 찾아왔습니다
별들의 이야기를 속삭이고
나뭇잎 노래를 들려주고
애틋이 어루만져 주었습니다
밤이 깊어도
아침이 밝아도
꽃잎이 모두 져버려도
꽃잎은 바람을 사랑합니다
그래서 바람이 불면 꽃잎이 떨어집니다.

## 가슴에 새긴 사랑이었다면

아직도 멈추지 않는
두 볼에 흐르는 눈물
당신과의 추억, 사랑, 기다림
임을 홀로 기다리던 지상의 시간이
텅 빈 마당에 떨어지는
늙은 감나무 메마른 나뭇잎처럼
스산한 슬픔이었을지라도
당신을 가슴에 새긴 사랑이었다면
당신을 두 눈에 품은 그리운 풍경이었다면
아픔과 고통을 넘어
슬픔의 파도를 지나
끊임없이 그대만을 향하는 수평선입니다
눈물은 이슬이 되고
이슬은 꽃잎이 되고
꽃잎이 향기가 되어
당신께 날아갈 수만 있다면
이 밤 한 송이 분꽃이 되어
당신 가슴에 흩날리고 싶네요.

# 첫사랑

이름 석 자만 기억할 뿐
이제 너의 얼굴도 아련해져간다
아내에게도 말하지 못했던
너에 대한 첫사랑
네가 준 솜사탕의 달콤함도
작은 가슴 벅차기에
오히려 아픔이었지만
처음으로 이브를 알게 했던 너
지금은 어디쯤
하얀 목련처럼 피어있는지
이루지도 못할 사랑
왜 그다지 설레이고
서글프게 헤어질 걸
왜 그리도 집착했던지
애틋한 풋내기 사랑만 남긴 채
세월은 그렇게 가고
흑백사진 속의 추억으로만 남았구나
이젠 그림자 진 잔주름 생기는 중년이 되었겠지
가보지 않은 길이기에 더 아름다울 것 같아
너를 그토록 사랑했던 나
난 지금 소년의 눈동자로 너를 바라본다
구원의 도를 가르치는 성직자가 되어.

# 비 오는 날

비 오는 날
외로운 당신과 함께 열차를 타고 싶었지
차창에 스치는 빗방울을 바라보며
당신과 함께 나란히 앉아
사랑과 인생을 이야기하면서
지금 우리는 어디 쯤 달리고 있을까
우리가 내려야 할 역은 얼마쯤 남아 있을까

비 오는 날
달리는 기차 안에서
당신과 함께 나누고 싶은
따뜻한 삶의 우동 한 그릇

## 그리움 · 1

오늘도 바다의 절벽은 파도를 기다린다
너울이건 험한 파도이건 너 없인 살 수 없다
그대와 함께한 인고의 세월들
만나고 부딪치고 찰싹거려
지금은 누구도 조각할 수 없는 형상
천하절경의 기암괴석으로 서있다
파도 역시 바다의 절벽을 그리워한다
그대 없이 어찌 이 아름다운 물꽃을 만들 수 있겠는가
그대와 부딪쳐야만 피는 흰 물꽃들
찰싹 거릴 때마다 만발하는 이 황홀한 순간의 자태
그대 없이 어찌 내가 있겠는가
오늘도 절벽과 파도는
또 하나의 사랑의 예술을 만들어내기 위해
물망초의 연가를 부르고 있다.

# 그리움 · 2

그리움이 밀물처럼 몰려와도
그리움을 외면하고 돌아서는 내가 아닙니다
밀물처럼 몰려오는 그리움을 썰물처럼 보내고 나서
아쉬워하고 후회하는 나는 내가 아닙니다
그리움 때문에 잠 못 이루다가
그리움을 물리치며 잠을 청하는 나는 내가 아닙니다
이처럼 변덕스런 나 아닌 내가 싫어
오랫동안 나를 떠나버린 그대
어느 날
깊은 숲길 외나무다리에서
그대와 마주쳤을 때
변덕스럽고 짓궂은 나는
당신으로 인해 성숙해 있었고

그대 그리움 또한 나로 인해 성숙해 있었습니다.

# 여로

마주 볼 수 없는 운명이기에
나란히 길을 걸어갑니다
마주 보아선 안 되는 사람이기에
나란히 앞만 보고 걸어갑니다
눈빛도 향할 수 없고
가슴도 마주칠 수 없어
그저 앞을 바라보고
하늘을 바라보며 걸어갈 뿐이지요
그래도 이슬을 맞으며
밤하늘의 총총한 별은
함께 볼 수 있어 좋습니다
나란히 그 별을 바라보며
길을 걸어갈 수 있는 것만으로도
나는 행복합니다.

# 내 사랑은

내 사랑에 아쉬움 많은 그대를
설악산 주전골 계곡으로 초대하고 싶습니다
그대를 계곡 아래에 두고
활짝 핀 진달래꽃을 한 아름 꺾어
당신 발 아래로 흘러가도록
꽃잎 하나하나 물 위로 띄우겠습니다
당신 향한 내 사랑이 이러하였다고
내가 너무 부족하고
그대 곁에 가지 못해
당신이 고독해하고 울며
가슴이 멍들어갈 때에도
지나온 많은 세월들
내 사랑은 한결같았다고
오늘도 그댈 향한 내 사랑은
단아하게 주전골 계곡 위로 흘러가는
꽃잎 같은 것이라고.

# 여보 · 1

여보, 지금 내 고향 지리산으로 오세요
지리산 하늘엔
쓸쓸하게 별들이 반짝이고 있어요
어서 빨리 와서
저 상처받은 별들을 함께 위로해주자구요
여보, 지금 내 고향 섬진강으로 오세요
섬진강물도 별빛 아래서
서글프게 흘러가고 있어요
어서 빨리 와서
슬프게 흘러가는 강물을 달래주자구요
우리 둘이 마음을 합한 세상은
언제나 따뜻하잖아요
당신과 나만 하나가 되면
온 세상이 따뜻한 세상이 될 수 있잖아요.

# 여보 · 2

여보, 오늘은 당신 고향을 가요
당신이 어린 시절 자랐던 생가
재잘거리며 뛰놀던 흑백 사진 속
초등학교와 마을길들
거기서 당신의 추억의 흔적을 느끼고 싶거든요
그리고 영산강가에 가서
종이배를 강물 위로 띄우며
쑥, 냉이 캐던 소녀시절의 당신을
상상해보고 싶어요
그러다가 시상이 떠오르면
눈물 젖은 펜으로
당신을 향한 사랑의 서시를 쓰고 싶네요

여보
오늘 어서 빨리 당신 고향에 가요.

## 당신 · 1

비 오는 날
당신의 편지를 받고 싶습니다
작은 글씨 물빛 웃음 머금은 당신인양

눈 오는 날
당신의 전화를 받고 싶습니다
그리움 흰 눈 되어 폴폴 날리듯

바람 부는 날
당신의 선물을 받고 싶습니다
감추인 그리움 내 속에서 아우성치듯

꽃피는 봄날
당신인지 꽃인지 분간할 수 없는
한 아름 안은 당신을 마중하고 싶습니다

내가 오지 말라고 해도
당신을 피해 도망가 있는 다고 말하여도
기어이 내게 찾아오는 당신을

맨발로 달려가 맞이하고 싶습니다.

# 당신 · 2

당신을 잊으려고 하면
당신이 오히려
내 마음에 그리움 되어 쌓이기만 합니다

아무리 당신을 떨쳐버리려 해도
당신은 오히려
질긴 인연의 끈으로 내 마음을 동여맵니다

그대를 보내려 하면
오히려 내 마음
당신이 목 메이도록 그리워지기만 합니다

보낼 수 없는 당신
언제나 찾아오는 당신
내 영혼의 불새인가요?

## 파초의 꿈

오늘도 꽃을 피워야지 하면서
한 번도 꽃을 피워본 적이 없다
올해도 꽃을 피워야지 하면서도
한 번도 꽃향기를 날려본 적이 없다
허우대는 멀쩡하고
잎사귀도 그럴싸하게 늘어뜨렸지만
역시 파초는 파초일 뿐
올해도 그대로 시들어버릴 것 같다
접시꽃 다알리아 봉숭화 채송화도
꽃을 피우는데…
올해도 파초는
꽃을 피우는 꿈을 버리지 않는다
누가 그랬던가
꽃을 향한 기다림이 파초의 꿈이라고
언젠가 파초도 가슴 사무친 그리움 끝에
꽃을 피울 때가 있다고.

# 오대산의 봄

향기로운 오대산 봄숲
귓가에 울려 퍼지는 봄꽃들의 여린 속삭임
햇빛 속에서 은화처럼 빛나는
계곡의 푸르른 나뭇잎
빛에 드러난 잎맥이
실핏줄처럼 얽혀있는 나무 숲
그 아늑하고 행복한 가계
낱낱의 가계가 어울려
백두산과 지리산 나무들도 부러워하는
국립공원을 이루고
울창한 원시림 사이사이에
기지개를 켜는 작은 봄꽃들
부드러운 봄바람에
새색시 웃음처럼 살랑거리고
바람난 봄처녀마냥 하늘거리는
연자줏빛 얼레지꽃

싱그럽고 따뜻하게 미소 짓는
님의 얼굴을 닮은
오대산의 설레는 봄

## 오대산 진달래

오대산 진달래
조금은 부끄러운 듯 고개 숙인 채
화려한 연분홍 빛깔로
겸연쩍은 미소를 짓고 있어요
다소곳한 자태로 봄비에 젖어
붉은 미소를 머금고 있어요
꺾을 수도 없고
다가가기도 겸연쩍어
비 맞은 진달래
우산을 쓴 채
그저 바라보고만 있지요
마침내
봄비에 축축이 젖은
진달래 꽃 줄기 흔들어
무거운 빗방울 떨어뜨려주고
오대산을 내려옵니다

화사한 네 꽃잎이
자취도 없이 떨어진 가을에야
다시 널 찾아오리라고.

## 바래봉 철쭉

저토록 화사하게 피었음에도
아쉬워하고 있다
진달래를 앞서지 못해
천왕봉에서 피지 못해
서러운 표정을 짓고 있나
황홀한 연분홍 축제를 이루고도
누구를 위해 피는지 몰라
고독해하고 있나
그나마 꽃잎 지면
찾아올 이도 없어
구슬픈 마음

바래봉 철쭉도 님을 그리워하나
눈보라 치는 겨울에도 봄을 기다리며
함께 바람을 맞아줄
고운 님

## 설악산 진달래

그대는 아는가
설악산 진달래는 봄이 되어 피는 것이 아니라
그리움에 사무쳐
연분홍 가슴이 설레임을 못 이겨
피어난다는 것을
밤새껏 애태우다가
애끓는 가슴으로
마침내 새벽이슬 흠뻑 젖은 떨림으로
아스라이 피어난다는 것을

그런데 그리운 님은
왜 오시지 않는 건가요?

# 눈 쌓인 대밭

하얀 마음으로 순수한 사랑을 하고 싶으면
눈 내리는 대밭을 바라보세요
초록빛 가슴으로 신비스런 사랑을 하고 싶으면
눈 쌓인 대밭으로 와보세요
눈물 젖은 심장으로 죽음같이 강한 사랑을 하고 싶으면
폭설 맞은 대밭으로 달려오세요
참새와 비비새도
눈 쌓인 대밭에선 날아가지도 않고 은밀하게
깊은 사랑을 하는 것을 본적이 있나요

행여
대나무 잎사귀에서 쌓인 눈이 떨어질까봐
짹짹거리지도 않고
죽음같이 강한 적요의 사랑을 하는 모습을
당신은 본 적이 있나요
심오한 사랑을 하고 싶거든
흰 눈 쌓인 눈부신 아침에
대나무 숲으로 와보세요.

# 선인장

오늘도 타는 사막에서
땅 속 깊이 뿌리를 내리고 있습니다
바늘보다 날카롭고 뾰쪽한 가시의 가시를
몸부림치며 돋구어 내고 있습니다
태양을 원망하거나
사막을 탓할 겨를도 없이요
하지만 이런 나도
봄이 오면 당신을 위해
아름다운 꽃을 피운다는 것을
알고 계시나요
당신만을 향해
상큼하고 매혹적인 꿀을
낸다는 것을 알고 계시는 건가요
가까이 다가와 주세요
다가와 보지만 마시고
가만히 가만히 안아주세요.

## 나비의 행복

형형색색
다양한 봄들의 향연이 펼쳐지는데
난 두 날개를 너풀거리며
하필 그대를 향해서만 날아가네요
그대의 꽃잎 색깔에 홀리고
그대의 향취에 매료되어
난 그대 품에 포싹 안겨요
내가 그댈 선택해서가 아니라
그대가 날 선택해줘서
난 그대 품에서만
오늘도 행복을 느껴요

비가 오고
봄이 지나고
그대 시들고
나 땅에 떨어져
흔적도 없이 사라진다 해도….

# 겨울 소나무

겨울에도 푸른 솔잎을 자랑하며
지순한 정신으로 고고한 자태로
겨울 산에 우뚝 서있는 낙락장송
세찬 칼바람에도 쓰러지지 않고
꿋꿋이 독야청청하는 네 모습
가지가 부러지도록 높이 쌓인 눈을
아무 말 없이 떠받쳐들고 있는 너의 고통
수많은 인고의 세월 속에서
과연 너답게 겨울 소나무로 살아온 것은
눈물 스민 나이테가 그 증거이리라
겉으로 보기에 지고지순하며
너만의 자존감과 당당함이 넘치지만
누구보다 너는 고독한 존재일 게다

오늘도 속으로 눈물을 훔치며
서럽게 울고 있는 너의 모습이
안쓰럽고 가련하여라
그럼에도 울지 말 것은
따뜻한 불과 온화한 정기로
언제나 너를 따뜻하게 감싸주시는
사랑의 님이 있지 않는가

너를 항상 다듬어주고
서러움을 보듬어주며
따뜻하게 감싸주는 사랑의 님이 있기에
오늘도 너는
여전히 겨울소나무로 존재해야 한다
낙락장송으로
네 자리를 지키며 당당하게
네 고고함을 지켜야 하느니.

# 아내에게

쓸쓸한 고목처럼
그래도 묵묵히
그대 자리를 지켜와 준 당신 앞에
그냥 무릎을 꿇고 싶습니다
하얀 목련은 아니래도
붉은 장미로 피어 있는 당신에게
사랑의 편지를 쓰며
아내의 찬가를 부르고 있습니다
가시 찔린 사랑이었기에
아프고 상처 나고 피눈물이 흘러내렸지만
당신의 사랑 때문에
오늘의 내가 있게 되었지요
가슴에 남아있는 상흔은
함께 걸어온 사랑의 발자국들
너는 내 운명이었고 사랑이었다는 표식들
나뭇잎이 쌓이고 또 쌓이듯
가슴의 상흔이 쌓이고 굳어지다보면
어느새 이 사랑도 성숙하고 성숙하여
빽빽한 가시나무 숲에서도
아카시아 향기 나는 사랑
당신께 물씬 드릴 수 있겠지요.

# 미친 나비

나비가 날아오네
아무 꽃도 없는데

사뿐사뿐 날아와
사방을 돌고 있네

꽃이라도 꺾어와 볼까
꿀이라도 몇 방울 떨어뜨려볼까

무얼 찾으러 왔을까
여기에 무슨 사랑을 찾아왔을까.

# 물망초

나를 가시로 찔러도 좋아요
부디 날 잊지만 말아주세요
나를 꺾고 베어도 좋아요
제발 날 버리지만 말아주세요
나를 밟고 비벼도 좋아요
꼭 날 떠나지만 말아주세요
당신이 찌르고 베고 밟고 비벼도
내가 또 피고 피면 되잖아요
당신이 내 곁에 있는 한
난 여전히 물망초
내 삶이 하나이듯 사랑도 하나
물망초는 오직 당신을 사랑할 뿐입니다.

# 2부 내 마음 강물되어

# 내 마음 강물되어 · 1

머물 수가 없네요
멈추라 하시더라도 흘러야만 합니다
보냄을 아쉬워하지도 않고
돌아옴을 반기지도 않겠습니다
떠남에 미련을 두지도 않고
다시 옴을 그리워하지도 않습니다
그저 멈추지 않고 흐르는 것만이
행복이고 기쁨입니다
내 마음 강물되어 흐르고 또 흐릅니다
미움도 원망도 슬픔도
고일 겨를 없이 흘러가고 있습니다
멈추고 붙잡는 것이 속절없는 것
흘러야 행복인 줄 알기에
끊임없이 바다를 향해
흐르고 있습니다.

## 내 마음 바람되어 · 1

그대 향내음 맡고 싶어
한 줄기 바람으로
당신을 지나갑니다
당신 체취 그리워
덥지도 춥지도 않는
소리 없는 바람으로 스쳐갑니다
훈훈한 봄바람으로
당신 가슴속 사랑의 꽃씨를 싹 틔우고
초록 여름 바람으로 녹음을 짙게 하며
가을을 풍성케 하고 싶어
조용한 가을바람으로 지나갑니다
내 마음 바람 되어
그대에게 꽃을 피우고
성숙한 열매를 드리고 싶습니다
바람은 사랑이 되고
사랑은 꽃이 되고 꽃은 열매가 되어
당신을 더 아름답게 하겠지요

오늘도 당신에게
바람으로 가겠습니다.

# 내 마음 바람되어 · 2

이제는 당신의 마음을 흔들어 보겠습니다
달빛을 스치우고 별빛도 스러지게 했던
그 기억 더듬으며 당신께 향합니다
자신할 순 없지만 빙하를 녹게 했던
그 열정으로 당신 영혼을 에여 보렵니다
강가로 나오시겠습니까
그대 마음 강물 되어 흐르게 할 겁니다
산으로 와보시겠어요
소년을 기다리는
외로운 나무가 되게 해 보겠습니다
흔들리는 그대 모습이 보고파
내 마음 바람이 됩니다

바람은 사랑이 되고
사랑은 그리움이 되고
그리움은 고독이 되어.

## 내 마음 뿌리되어

당신을 하늘 높이 드러내주고 싶어
내가 숨었습니다
내가 낮아짐으로 당신이 높아지고
내가 비천해짐으로 당신이 위대해지기 위해
스스로 음지를 선택했습니다
폭풍이 와도 흔들리지 않고
폭우가 쏟아질수록 견고하기 위해
더 아래로 내려갑니다
당신으로 하여금 꽃으로 부활하며
그 열매를 맺게 할 꿈을 꾸고 있기에
나는 더 없이 행복할 뿐입니다.

## 내 마음 바위되어 · 1

천년을 기다렸습니다
바람을 맞으며 기다렸습니다
눈보라를 헤치며 기다렸습니다
봄꽃의 향기에 취할 시간도 없이
비 오는 날 우산도 잊은 채
여름의 태양아래 그늘도 없이
홀로 절벽 끝에 서서
내 마음 바위 되어
님을 기다렸습니다
어디 쯤 오시 나요
어디로 떠나 가셨나요
별도 가까이 다가오지 않는 밤
어둠 속에서 흐느껴 울며
님의 이름을 불렀습니다
천년이 흐르고
다시 천년의 고독이 찾아온다 해도
내 마음 바위 되어
님을 기다리겠습니다.

## 내 마음 바위되어 · 2

천년이고 만년이고
이대로 서 있겠습니다
눈이 오고 비가 오고 바람이 불어도
한결같은 마음으로 서있겠습니다
찾아와주지 않아도
멀리서 바라만 봐주셔도 행복합니다
큰 바위얼굴은 아니지만
당신을 향한 사랑은 변함이 없으니까요
천년도 아깝지 않는
기다림의 은총을 알기에
내 마음 바위 되어
이렇게 비 맞은 채로
당신을 기다리겠습니다.

## 내 마음 꽃이 되어

3월의 벚꽃 잎 휘날리는 거리에서
당신을 기다립니다
꽃은 시들어도 당신을 향한 제 마음은 시들지 않습니다
꽃은 잠들어도
당신을 바라보는 제 두 눈은 감기지 않습니다
꽃의 향기를 따라 걸어갔던 길에서
당신의 뒷모습을 보았습니다
언제나 뒷모습만 보여 주시는 당신
그래도 당신이 원망스럽지 않습니다
당신의 뒷모습만 보아도
저를 바라보시는 당신의 얼굴을 볼 수 있기 때문이지요

내 마음 꽃이 되어
어느새 당신 앞에 피어나고 있을 테니까요.

## 내 마음 별이 되어 · 1

당신이 잠든 창가를 비추는
밤하늘의 별이 되겠습니다
당신 얼굴 볼 수 없고
당신 나를 알아 볼 수 없다 해도
당신이 잠들어야만
밤하늘에 뜨는 별이 된다 해도
내 마음 별이 되어
언제나 당신의 잠든 모습 지켜보겠습니다
잠들었을 때 울지 않는 당신
잠들었을 때 웃지 않는 당신
슬픔도 기쁨도 아픔도 잊은 채
잠들어 있는 당신 모습
불 꺼진 창문 너머일지라도
당신 볼 수 있다면
내 마음 별이 되어
깊은 밤하늘 홀로 비추겠습니다.

# 내 마음 별이 되어 · 2

내 이름을 모른다 해도
섭섭지 않겠습니다
내 이름 불러주지 않아도
괜찮습니다
아름답다는 한마디 말씀이 없어도
당신을 향해 비취고 있는 것이
고마움이고 행복입니다
당신을 위함이 아니면
있어도 없고
혼자서는 아무것도 아닌
당신 것으로만 지명된 나의 존재
비록 무명의 별이지만
낮에도, 밤에도
당신의 별이 되어

오직 당신만을 지켜보며
목숨 바쳐 반짝거리겠습니다.

# 내 마음 촛불되어

타야만 빛이 되고
어둔 밤을 밝힘을 알았습니다
사랑할수록 부족하고
드릴수록 목마르기에
서러운 눈물만 흘립니다
밤새도록 울다가
그리움에 사무치며 꺼져야 할
시한부 생명이지만
이 밤도
당신을 위한 사랑의 제단에서
춤추며 타오르는 촛불이 되겠습니다.

# 내 마음 빛이 되어 · 1

해 지는 저녁
내 마음 빛이 되어
당신의 가슴, 한 줄기 따뜻한 사랑으로 닿겠습니다
산 그림자 드리워진 들녘 위로
세상에서 가장 쓸쓸한 바람이 불 때
꽃 한 송이 피지 않은 폐허의 골짜기
어둠을 파고드는 한 줄기 빛이 되겠습니다
빛은 어둠을 용서할 수 없고
빛과 어둠은 공존할 수 없어서
더 아픈 사랑, 더 목마른 갈망으로
당신의 어둠을 비추겠습니다
당신의 헤진 옷자락에서 떨어진 먼지마저도
투명한 빛을 비추어 광채를 발하는
달빛의 서신이 되겠습니다
내 마음 빛이 되어
어둠 속에 파묻힌 당신의 슬픔을 위로하고
옷에 묻은 죄악의 얼룩을 씻어내고
절망의 상처에서 희망의 새살을 돋게 하는
치유의 빛이 되겠습니다
언젠가 홀로 밤길을 걷는 당신
영혼의 등잔을 비추는
한 줄기 붉은 새벽빛이 되겠습니다.

## 내 마음 나무되어 · 2

내 마음 나무 되어 소녀를 기다립니다
그리움만큼 기다란 줄을 늘어뜨린 채
소녀가 다시 그네를 타러올 날을 손꼽아 기다립니다
새싹이 돋아나던 봄이 가고
무성한 나뭇잎으로 몸을 가리던 여름도 가고
한 잎, 한 잎
그리움에 지친 가을의 추억도 가고
이제, 그리움마저 퇴색한 하얀 겨울에도
나무는 홀로 그 자리에 서 있습니다
강렬한 햇빛도 추적추적 내리는 차가운 새벽 비도
겨울밤의 세찬 눈보라도
아픔만큼 나이테를 더하지만
소녀가 길을 잃지 않도록
그 자리에 그대로 서서 소녀를 기다립니다
나무 그늘 아래 고요히 잠들던 소녀의 하얀 얼굴과
풀밭을 뛰어다니던 천진난만한 웃음소리와
나뭇가지에 올라타 먼 산을 바라보던
소녀의 맑은 눈빛을 기억하면서

내 마음 나무 되어 홀로 소녀를 기다립니다
긴 그림자 석양녘에 드리우고
별이 풀잎 사이로 빛날 때까지.

# 어느 모자의 초상

깊은 저녁, 찜질방 한 구석
두 어린 자녀와 함께 잠을 청하는
아주머니 한 분이 있다
예닐곱살 된 어린 아이가
얇고 하얀 소라껍질 같은 조그만 손으로
한쪽으로 기운 엄마의 지친 어깨를 주물러 주고 있다
모자의 쓸쓸한 모습이
고독한 고흐의 점묘화처럼 다가온다
이 밤에 남편은 어디 가고 어린 아이들만 데리고
이곳에서 잠들려 하는 것일까
인생은 얼마나 힘이 들고
혼자 지기엔 짐이 고달픈가
어린 송아지를 뒤에 두고
수레를 끄는 어미 소처럼
당신은 목에 메인 멍에를 풀려고 하는가 보다
당신이 나의 성도라면
다가가 손이라도 한 번 잡아주고 기도해주련만
찜질방에서의 나는 목사이기 전에 한 남자일 뿐
아무 것도 할 수 없어
한쪽 구석에서 그냥 울고 온다

아, 나는 오늘 푸른 지구별에서 떨어져 나온
작고 외로운 두 떠돌이별을 만났다
두 모자의 초상은 내게 끝없는 환영을 이루고
나는 또다시 떠돌이별이 된다

# 심산心山

산이 그리워 산에 왔는데도
산이 더욱 그리운 이유가 무엇입니까
산을 사랑하여 산속에 왔는데도
가슴이 저리도록 외로운 이유가 무엇입니까
산이 되고 싶어 산을 찾아왔는데도
마음이 시리도록 눈물이 나는 이유가 무엇입니까
나무들 사이로 지는 해가 보일 때까지
산속에 앉아 있습니다
한 줄기 바람이 스쳐 가는데
나는 그 바람마저 잡을 수 없어
서럽기만 합니다

아 존재여
사랑이여
그리움이여
내 마음의 산이여.

# 산행

산행 채비만 해도
가슴이 설레고 기분이 상쾌한 까닭은
난 원래 산사람이 되었어야 했나 보다
산에 들어서기만 해도
무거운 몸이 가벼워지고
침침한 시력은 밝아지며
70대 노인 같은 기력도 청년으로 돌아오니
난 산에서 살아야 하나 보다
산에만 오면 답답한 마음은 후련해지고
원수도 가련해져 마냥 어린아이만 같아지니
난 오늘 이곳에 초막을 지어야 하나 보다
산에 와 앉아만 있으면
꿈도, 야망도, 명예도 헛되이 여겨지니
아, 나는 이곳에 살다가 이곳에 묻혀야 하리.

# 산에 와서 · 2

죄송합니다
너무도 오랜만에 와서
마음이 때 묻다 보니
몸도 함께 때에 묻혀
이리도 오랜만에 왔습니다
부끄럽습니다
쉴 새 없이 전화하고
사람 만나느라
분주하기만 했던 지난 삶들이
정결한 당신의 품
출세급의 세계에 와보니
수줍기만 한 마음
견딜 수 없네요
처음으로 돌아가고 싶습니다
처음 사랑
그 초심을 회복하여
다시 당신을 사랑하고 싶습니다.

# 울고 있는 산

언제부터인가 산에만 오면
울고 싶어집니다
아직은 가을이 멀었는데도
산은 울고 있습니다
때 묻은 사람들의 발길이 두려워
눈물이 나는 건가요
애초부터 순결의 비밀과 신비가 있기에
청초한 생명과 고결한 자태를 자랑하던 당신
이젠 당신의 때 묻은 옷자락을 보고
숨죽여 울고 있나요
울창한 산세로 길이 누운
깊숙한 계곡을 찾습니다
헤아릴 수 없는 생명들의 합창
초록빛깔의 여운마저 느낍니다
하지만 여기에도 울음소리가 들리네요
쉽게 흐느낄 수 없어
더 서러워 잦아드는 듯한 울먹임

모든 산이 울고 있습니다
마침내 울고 있는 산과 함께
비친 내 모습을 보며
나도 함께 울고 있습니다.

## 울고 있는 바다

바다는 그 넓은 가슴으로 하늘을 안고
그 깊은 마음으로 온 우주를 담습니다
바다는 사람을 품습니다
항상 품고 더 너그러이 안아줍니다
바다는 거짓이 없습니다
바람 불면 풍랑 일고 해 뜨면 잔잔하고
그래서 바다가 되고 싶습니다
하지만 바다가 울고 있습니다
가슴 깊은 서러움에
한 없이 눈물을 흘리고 있습니다
바다는 하늘이 아니기에
홀로 세월을 삭힙니다
그래도 바다는 바다이어야 합니다
하늘일 수도 우주일 수도 없는 당신
울더라도 바다는 꼭 바다이어야 합니다

## 심원深原 계곡

한여름 밤에
지리산 심원深原마을 당산나무 민박집에 누웠다
잠을 자려고 창문을 닫아도
방안까지 들려오는 심원계곡의 물소리
하늘 아래 첫 동네 계곡이라 유난히도 청명하고
가슴 시리도록 차가운 물소리
잠 못 이루며 뒤척이다
유리 창문을 활짝 열어젖히고
귓전에 들려오는 물소리의 속삭임을 느낀다
환영 속에 잠이 깨고
속삭임에 잠이 들고
영음詠吟 속에 잠이 깨다
시린 새벽빛에 일어났을 때
이젠 내 마음 심원心原의 계곡에도
님의 생수의 강이 철철 흐르네
아! 심원心原이여
내 마음의 계곡이여
평생 흐르고 흘러야 할
푸르른 영생의 강물이여.

# 동심천국

7월의 한여름 밤
지리산 심원마을의 한 고개턱에
날아든 한 마리 반딧불
내 마음 동심되어 잽싸게 움켜잡습니다
여름밤을 수놓았던 개똥벌레
천재시인 윤동주를 닮은 듯
하늘에서 떨어진 달 조각, 별 부스러기라며
밤마다 개똥벌레를 찾아다니던
지리산 소년이 됩니다
한 여름 밤을 까만 도화지 삼아
시처럼 그림처럼 반짝이며 날아다니던 반딧불
지금은 다 어디로 가버렸나요
이젠 이 심원마을 골짜기에서도
외로운 대명사가 되었으니
움켜쥐던 반딧불을 옛 추억과 함께
아득한 기억 저편으로 날려 보내면
추억의 수풀 사이를 거니는
달빛, 별빛 조각처럼
다신 돌아오지 않으리라고
떠나는 영혼처럼 반짝반짝
훨훨 날아갑니다.

# 지리산 겨울소나무

하늘을 향해 곧게 뻗은 지리산 소나무
구불구불한 가지에 많은 잎사귀를 달고 있는 너
너야말로 위대한 삶이요 역사다
추운 겨울에도 여전히 푸른 솔잎을 달고 있는
너의 모습을 보면 내 마음에 찬바람이 분다
그 푸른 솔잎 위에 흰 눈이 쌓여도
가지를 늘어뜨린 채 견디고 있는
너를 보면 애처로운 마음에 두 눈이 젖는다
너는 그 촘촘한 나이테 속에
얼마나 많은 세월의 아픔을 간직하고 있는 거니
지리산 소나무가 고고함과 지조를 지키느라
인내한 세월

바로 그런 네가
이 시대의 의인이요
귀인이 아니겠는가

## 주전골 계곡

너는 끝없는 새로움
알 수 없는 신비
얼마나 골이 깊어
그 옛날 사람들이 숨어 위조화폐를 만들었을까
허영에 물든 사람들은
부끄러이 주전골이라 이름하였지만
세상이 뭐라든
여전히 너는 특 일급수
금강산 계곡물보다 더 차갑고 맑아
외로이 물고기 한 마리 기르지 않나
너의 자랑인 십이폭포
이곳까지 올라와
네 참 모습을 본 이들 얼마나 될까
비스듬히 떨어져 내려오는 너의 긴긴 모습
수직폭포가 아니기에 더욱 위대하고
고고하고 청백한 너의 낙수
너를 통해 내 속에 있는 나를 보고
맑은 물소리 같은 님의 음성 듣기에
내 소리 네 소리에 묻힐지라도
왠지 눈물이 난다
이번엔 울지 웃을지
난 또 너에게 간다.

# 지리산과 섬진강

남도의 대지에 두루두루 산맥 펼쳐진
가슴 넓은 사나이 지리산
옥돌처럼 깨끗하고 수정처럼 맑은
생명의 강 굽이굽이 흘러가는
섬섬옥수 여인네 섬진강
초례청 앞의 신랑 신부처럼
다소곳하게 마주보며 웃습니다
지리산은 쉼 없이
유려한 강물을 흘려 보내주고
섬진강은 은빛 모래 위에서
은어와 쏘가리, 재첩을 키워냅니다
산자락에 살포시 내려앉은
수수깡 같은 집에서 풍겨 오는 정겨움
제첩을 캐는 아낙네들의
순진한 삶의 향취가 있는
흙먼지 날리는 서사시 지리산
은빛 하구의 서정시 섬진강
지리산처럼 우직하게
섬진강처럼 유연하게

오직 한 길, 님을 향한 사랑의 길을 걷고 싶었습니다.

# 묘향산의 황혼

천하절승 묘향산은
시집가는 누님의 자태
숲의 향기 바람의 체취도
시집가는 누님의 향기
지리산 줄기를 베고 자란
산인山人이기에
어머니의 품 같아서
비선폭포의 물소리는
잠 못 이룬 새벽녘에도 싫지 않고
오히려 내 가슴을 휘감아
그리움을 낳고 있어

묘향산의 황혼은
여전히 저고리를 입고 꽃가마에 올랐던
큰 누님의 뒷모습

## 잃어버린 별을 찾아

가끔 서재 창문 너머로 찾아오는 별 하나
고향하늘 그 많던 별들은
회색빛 도시 어디에 숨어 있을까
대기오염 네온사인의 불빛에 가려
볼 수 없는 그리운 별들
별과 같은 사색
별과 같은 사랑
별과 같은 그리움
어느 쇠락한 군주의 성처럼
인간의 도시는 화려하나 쓸쓸하고
별이 뜨지 않는 세상은
소란스러우나 고독하기만 하여
낯선 별에 떨어진 고독한 여행자처럼
홀로 밤길을 걷는다

잃어버린 나의 별을 찾아
당신의 애틋한 사랑의 숨결을 찾아.

## 강릉 옛길

청운의 이상을 품고 선비들이 한양으로 올라오던 길
과거에 낙방하여 울기도하고
장원급제하여 쾌거를 부르며 내려가던 길
옛 선비들의 한과 노랫소리가 아직도 서려있다
천재소년 김시습의 시비를 보고
신사임당의 시비 앞에 서면
나도 어느새 시인이 되고
소나무 숲 아래서 가슴 열어 심호흡을 하며
흐르는 계곡 물을 엎드려 마시노라면
어느새 신선이 된다
이름 모를 산새들 내 영혼에 스며 노래하고
바람소리가 내 깊은 영혼에 어우러지면
가장 순수한 오케스트라가 피어
영혼 속에서 앙상블을 이룬다
하지만 강릉옛길을 걸었던
천재소년 김시습도 대학자 율곡 이이도
현모양처 신사임당도 한 가지 길은 몰랐으니
아, 어이 할꼬 구원의 길이여
구도자들이 걷는 강릉 옛길은
그냥 역사와 추억만 서려있는 길이 아니다
우매하고 때 묻은 영혼이
깨닫고 소생하고 순결을 경험하는 길이다

단풍잎 사이로 불어오는 강릉옛길의 바람은
내 가슴 깊이
영감의 바람으로 스미고 있다.

## 폭포

하얗게 떨어져야 하나
추락의 검은 두려움으로 머뭇거려야 했어요
아찔한 하강의 죽음을 직면하자
덜컥 겁이나 주저 하였지요
억지로 윗물에 밀려
비명을 지르며 떨어졌어요
하지만 떨어지고 난 후에야 깨달았네요
떨어져야 살고
아름다움을 빚어내며
산산조각으로 떨어져 죽어야
흐를 수 있고
저 드넓은 바다에 이르러
푸르고 푸른 꿈을 이룰 수 있다는 것을!
실상은,
추락이 상승이요, 죽는 것이 사는 것이라는
심오한 삶의 교훈을
바다의 푸른 물결로 넘실대면서
새삼 깨달았지요.

## 고로쇠약수

깊고 깊은 산골 지리산 고로쇠
홀로 흰 눈 맞으며
새벽이슬에 축축이 젖으며
팔을 벌리고 서서
은밀한 고백을 바친다

언제까지 저를 채취하시겠습니까
살을 뜯고 혈관을 찢어낸 저의 핏방울을
언제까지 마시겠습니까
가슴을 도려내고 심장을 찔러 낸
저의 피눈물을

그러나 부디, 저를 마시고 불로장생하세요
겨울 산 홀로 고독하여도
누구도 원망하지 않는 지리산 나무 같은
넓은 가슴, 심지 곧은 사람 되시고요.

# 할미꽃

어느 야산의 무덤 위에 핀
할미꽃 한 송이
바람이 옮겨다 준 꽃씨
흙이 소중하게 보듬어서 피어난 꽃
수많은 곱고 보드라운 땅 놔두고
하필 죽음 그늘 진 무덤 위에서 피어 난
너의 서러운 운명
대지의 하얀 라일락꽃보다
더 잔인한 생명력으로
죽음의 땅을 뚫고 피어난 꽃이라서
더 눈물겹고 깊은 너의 얼굴

삶과 죽음 사이
찰나와 영원 사이를
향기롭고 아름답게 만들어주는
할미꽃 당신은

보고픈 외할머니다

# 금강산

비단 옷소매 바람에 휘날리며
서 있을 것만 같던 당신의 모습이
내 눈엔 왜 그리도 삭막한지요
병풍보다 더 아름답다던 만물상과
하늘의 연못 같다던 상팔담이
내 가슴엔 왜 이리도 차가운지요
산에만 오면 어려지고
폭포 앞에 서면 가슴 터지는 청년이던 나
구룡폭포 앞에선 왜 이리 가슴이 미어지고
서글픈 눈물만 흘러내릴까요
내 마음 아는지 모르는지

무심한 얼굴 금강산
무정한 대답 구룡폭포

# 고독

파란 하늘에
구름이 섬처럼 떠 있다
전깃줄마다 가지런히 놓인
인간의 도시들은
햇볕이 아닌 전류를 받아 불을 밝히고
검게 감전되고 있다
어느 날 어둠이 내린 사람의 마을
풀잎 하나 입에 물고 찾아든
비둘기 한 마리
아침이 밝아오자 울어대는데
비둘기야 왜 울어대느냐
그토록 구슬프게…
짝을 잃어서더냐
사랑을 찾아서냐
지은 죄 때문이더냐
아 고독한 새여
인간의 도시와 멀어진
외로운 산이여

산과 도시 하얀 구름이 징검다리를 놓는다.

# 맹인과 詩人

도대체 맹인이 무엇을 본다고
기어이 로키산맥을 올라가고
박물관까지 가서
피카소, 레오나르도 다빈치
미켈란젤로의 그림을 감상하는 걸까
그렇게 심심하고 엉덩이가 근질근질하면
지팡이나 하나 들고
평평한 운동장이나 몇 바퀴 돌고 오실 일이지
그 수려한 요세밋공원
그랜드캐니언엘 무엇하러 가는가
항상 이런 의문을 가지고 있던 나에게
한 똑똑한 맹인이 말을 한다
“여보슈 당신은 시를 쓰시유?
당신도 시에 대해서는 문외한이오
맹인주제에 무슨 시를 안다고 시를 쓰시는 거유”
그래서 나는 맹인에게 대답했다
“하긴 당신이나 나나 똑같은 맹인이오
그래요 나도 당신처럼 시를 느끼고 싶고
내 식으로 감상하고 싶어 시를 쓰고 있다오”

# 3부 그리움이 없으면 상처도 없다

# 문경새재

새도 쉬어간다던 문경새재鳥嶺
영남과 한양을 이었던 대로
한양으로 과거 보러가던 옛 과거길
소원을 빌던 책 바위
다리를 쉬어가던 조령 원 터
"문경새재 넘어갈제 굽이 굽이야 눈물이 난다"
문경 아리랑 구슬픈 노랫가락
깊고 푸른 명경지수를 따라 여울지고
하지만 문경새재엔 새 길도 있다
다시 복원된 길이거나
옛 사람들이 거닐던 길 위에
넓고 완만하게 닦아 만든 새 길이
신세계를 찾게 한다
흐르는 계곡물에 잠시 발을 담글 때
평화와 희망의 선율로 울려 퍼지는
문경 아리랑 노랫가락
영남과 한양을 잇고 옛길과 새길이 만나는
길의 역사와 소통

문경새재 계곡을 따라 흘러가는
물과 바람의 아리랑

# 갈대

흔들리는 모습이기에 아름답습니다
흔들려도 쉽사리 쓰러지지 않기에
더 아름답습니다
혼자 서 있지 않고 함께 서로를 의지하며
서 있는 모습이 행복스레 보입니다
쓰러져도 함께 하고
쓰러진 채 함께 보듬고 있는 모습이
더 따뜻하기만 합니다
들에 살아도 외롭지 않는 것은
함께 별을 보며
서로가 의지하고 사는 따뜻함 때문이겠지요
다만 아무도 찾아와 주지 않는 때가 두려운 것은
상처 입은 밤에도 그대를 기다리는
순정이 있기 때문입니다.

# 어버이날에

어머니
지금 고향집엔
어머니가 심은 봉선화가 보이질 않습니다
아무리 귀를 기울여도
어머니가 불었던 풀피리 소린 들리지 않네요
하지만 누가 심지도 않았는데
어머니 묘 앞에
왜 할미꽃이 피어있나요

누가 노래하지도 않는데
내 귀엔
애처로운 사모곡 소리가 들리네요.

# 포도원

보이시나요
저 만발한 꽃들이
어머, 꽃망울도 있네요
느껴지시나요
저 매혹적인 향기
사랑의 꽃내음
들리시지요
애절한 저 반구의 소리가
어머, 파랑새도 있어요
당신을 초대합니다
아지랑이 피는
이곳 포도원의 그늘로
이 꽃그늘 아래서
당신에게
저린 하모니카를 불어주고 싶네요.

## 어머니 무덤 앞에서

어머니 아시는지요
꽃가마 타고 시집오시더니
꽃상여 타고 먼 길 떠나시던 것이 인생이라고요
당신은 뒷전으로 하고
지 자식들만 감탕같이 사랑하는
자식들을 바라보는 것이 인생이라는 것을
그걸 아는 당신이 진정 어머니셨습니다
그런 당신이 계셨기에
또 다른 어머니를 낳고
수많은 아버지를 낳은 것이 아닙니까

그런 당신의 무덤이
생의 시은소
지하의 성전입니다.

## 눈 오지 않는 겨울

사랑하지 않는 건가요
행여 잊으신 건 아닌가요
두꺼운 외투와 장갑도 있고
이렇게 당신 맞을 준비 다해 놓았는데
왜 오지 않으시나요
당신 사랑
하얗게 소복소복
내리던 날 밤을 잊을 수 없습니다
눈 오지 않는 겨울이
얼마나 무섭도록 지리한 나날들인지

알고 있나요.

# 그 겨울의 발자국

온통 흰 눈으로 덮여 있는 설원
아무도 밟지 않는 하얀 세계
짐승 발자국조차도 보이지 않는 백야白夜의 땅
콕콕 찍힌 선구자의 첫 발자국
길도 없고 안내자도 없는 낯선 길
홀로 개척자가 되어 미지의 세계를 향해 남겼던
땀과 눈물의 영역자국
나는 어디까지 갈 수 있을까
가도 가도 끝이 보이지 않는 하얀 대지
그 겨울의 외로운 발자국

# 강물 속에서 은빛 물고기를

세월의 배 위에 몸을 맡긴 채 너와 함께 바다로 간다
기어이 흐르겠다는 너를 어찌 붙잡을 수 있겠는가
어차피 함께 흘러야 할 운명인 것을
그러나 이대로만 흘러갈 순 없어
이젠 너를 끌어올리고 낚아내련다

크로노스[4]의 강물 속에서
카이로스[5]의 은빛 물고기를

떠나갔던 사람 다시 돌아올 수 있다면
저 소망의 바다에 닻을 내리고
팽팽한 기다림의 밧줄로 그대를 붙잡아 올리리
나는 오늘도 소년이 되고 노인이 되며
노인이 되었다가 다시 소년이 되고.

---

4) 크로노스 : 헬라어에는 시간을 뜻하는 두 가지 단어가 있다. 그것은 크로노스와 카이로스다. 크로노스는 아무런 의미 없이 단순하게 흘러가는 물리적이며 객관적인 시간이며,

5) 카이로스 : 카이로스는 인생의 의미와 가치가 접목된 정신적이며 주관적인 시간을 뜻한다.

# 용정의 하늘

큰 별들이 사라져버렸네요
공해에 별빛이 바랬는지
땅으로 떨어져버렸는지
아니면 저 멀리 사라져 버렸는지
윤동주가 보던
그 별들을 보러 용정까지 왔는데
작은 별들만 밤하늘을 지키고 있네요
하늘은 삭막하고
땅은 황량하고
작은 별들은 수줍어하는데
누군가 하는 말
큰 별만 되려하지 마라
작아도 서로 함께 모여
밤하늘을 비추면 되느니
큰 별 되어 또 떨어지면
상처는 더 깊고 처연하리니.

## 그리움이 없으면 상처도 없다

태곳적부터 밀려온 그리움이
내 안에 꽃으로 피어납니다
파도의 그리움이 물꽃을 피우고
봄바람의 갈망이 솔꽃들을 피워내듯
내 안의 그리움은 물망초를 피워냅니다
알고 있나요
그리움이 사무칠수록 상처도 크다는 것을
하긴 그리움이 없으면 상처도 없겠지요
당신 향한 그리움 때문에
지금도 상처의 꽃을 피우고 있으니까요.

# 나비와 벌

누군가 지나간 꽃을
나비가 찾았고
또 벌도 찾았다
나만을 기다리고 있겠다던
꽃잎이 야속하기만 하다
꽃잎은 말한다
나비의 사랑 다르고
벌의 사랑 또한 다르다고

나비와 벌이 만나
이렇게 말한다
세상이 그런 걸
함께 꽃타령이나 부르자고
꽃잎도 눈물을 흘린다
그 눈물이 다시 사랑이 되고
그 사랑은 향기가 되고
향기는 마침내 꽃씨가 되고.

# LA의 아침

LA의 아침은 어머니의 품 같네
미국 속에 있는 한국처럼 낯설지 않고
거리의 한글 간판들
걸어 다니는 사람들조차 정겨운 마을 이웃처럼
따스하게 느껴지는 이유는 무엇인가요
북창동순두부 집에서
한 그릇의 순두부 국밥을 먹으며
머나먼 이국땅에서 서럽게 눈물 흘려야 했던
한인들의 외로움과 고통을 달래 주었던
LA의 아침이여
어린 시절 토담 너머로 보이던 고향집 하늘을 닮은
LA의 하늘과 구름이여
어머니의 따뜻하고 보드라운 젖가슴이여

오늘은 당신의 품에 안겨
고향의 흙냄새를 맡습니다
설레는 마음으로
고향의 아침을 맞이합니다.

## 상하이의 저녁

상하이,
대한민국 역사의 촛불이 바람 앞에 꺼져갈 때
황포강을 거슬러 올라 새벽의 젖은 눈동자로
조국의 독립을 염원하며 희망의 새 아침을 바라보았다
쫓기고 쫓기는 추적과 압제의 세월
마지막까지 포기할 수 없었던
조국독립의 꿈을 안고
누추하고 허름한 골목 자그만 집을 빌려
대한민국 임시정부청사의 간판을 걸었다
그것은 민족의 마지막 맥박이었다
꺼져가는 조국의 생명을 살릴
붉은 심장의 터질 듯한 박동소리였다
스물다섯 꽃다운 청춘의 피를
민족의 제단 위에 바쳤던
윤봉길 의사는 부릅뜬 눈으로
상해 임시정부청사를 찾는 우리에게 묻는다
그대는 얼마나 간절히 조국을 사랑하느냐고
그대는 얼마나 뜨겁게 민족을 가슴에 품고 있느냐고

저녁이 깊어가는 상하이의 밤
황포강 물결 위로
나라 잃은 유민의 외로움과 고독, 애탄의 눈물

고통 속에 빛나던
희망의 불빛들이 흘러간다.

## 차라리 학이 되어

그저 비상하고 웅비하는
독수리가 되고 싶었습니다
그렇게 솟구치는 독수리는
오르지 못할 곳이 없다고 생각했지요
하지만 푸르른 창공을 지배해 본들
기껏 썩은 고기로 배나 채울 뿐
차라리 학이 되렵니다
처연하고 고결한 한 마리 학이 되어
하늘을 날아 보겠습니다
썩은 고기, 온갖 악취 따위는 훌훌 털어버리고
차라리 학이 되어
청초한 새벽이슬이나 마시며
천년이 넘도록
저 검은 구름 위로 훨훨 날아보겠습니다.

## 학의 울음

영혼의 새, 학이
하늘 위를 울고 간다
천년을 산 노학이
노송 가지 위에 앉아 울고 있다
생명의 숨결 사라진 개천
병든 세상을 보며
긴 하루를 잇대어 울고 있나
사랑하는 사람만 알아듣는
영혼의 언어로
긴 밤을 지나기까지 내내 울 모양이다
돌아오지 못할 세월이여
때 묻은 삶 얼룩진 생이여

아니
또 다른 생의 그리움이여.

## 소쩍새에게

외롭게 울지 않으면
너는 그저 한 마리의 새에 지나지 않는다
그토록 구슬프게 울지 않으면
너도 그저 참새나 멥새에 불과하니
그래 울음을 터뜨려 밤을 밝히거라
너의 울음으로 아침을 맞이하거라
차라리 밤엔
웃는 자보다 우는 자가 복이 있나니
우는 자에게
숨은 별들이 얼굴을 내밀며 총총히 내려오고
울음을 터뜨린 자에게
사랑의 불사조가 먼 곳에서 숨 가쁘게 날아오나니….

## 아내의 노래

당신이 어느 봄꽃 피는 날
길을 걷다가 지친다면
저는 당신 입가에 환한 미소 짓게 하는
한 송이 꽃이 되겠습니다
비 오는 날
비에 젖은 옷을 털며 당신이 들어설 때
수건을 먼저 내밀기 전에
춥고 스산한 당신의 몸
따뜻한 체온으로 안아주는
영혼의 옷깃이 되겠습니다
나 한 사람을 위해서 자식들을 위해서
평생 몸을 혹사하여 노쇠한 몸이 되어
당신이 몸을 움직일 수도 없는
그런 아득한 때가 된다면
저는 푸석푸석한 당신 손 잡아주며
흐릿해진 당신 눈동자 바라보며
당신의 희미한 숨결에 기대어
이렇게 고백하렵니다
당신의 아내가 여기 있다고
당신의 사랑이 지켜 준 한 여인이
여기에 있다고
당신을 만나서 너무 행복했었다고….

## 남편의 노래

바윗덩이처럼 무거운 몸 이끌고 집으로 들어섰을 때
아이를 품에 안고 잠든 당신의 모습을 보았습니다
저는 삐거덕거리는 문소리에 당신이 깰까봐
조심스럽게 조심스럽게
문을 열고 당신 곁으로 다가 갔습니다
나와 어린 자녀를 위해
온몸이 하얀 백지장처럼 변해간 당신
그 고운 머릿결 빛깔을 잃고
화사하게 빛나던 피부 이제 메말라갔어도
당신의 흘러내린 머리카락 쓸어 올리는
저의 손은 지금도 떨리기만 합니다
나를 사랑해준 당신이기에
나를 안아준 당신이기에
비록 먼 훗날 당신
나를 안아줄 수 없고
더 이상 반찬 투정하는 나를 위해
찌개를 끓여줄 수 없다 해도
그렇게 귀찮아하던 당신의 잔소리마저
사무치게 그리워질 때
당신의 흘러내린 옷매무새 고쳐주며
이렇게 고백하겠습니다

당신의 남편이 여기 있다고
당신의 사랑이 지켜준 한 남자가 여기에 있다고
당신을 만나서 너무 행복했었노라고….

# 모란시장에서

대형 쇼핑센터와 백화점이 도시를 점령하면서
우리 눈앞에서 자취를 감춰버린 5일장
토종닭, 연두색 고사리, 배추뿌리
할머니가 껍질을 벗기고 있는 산더덕,
아줌마가 솥뚜껑에 부치는 감자전, 배추전, 깻잎전
고향에 계신 어머니의 향기가 나는 듯
그리움에 목이 메이고
어린 시절 동심의 세계로 돌아가고 싶을 때
추억의 그림자를 안고 찾아가는 모란시장
그러나 요즘은 모란시장을 둘러봐도
검정고무신 눈깔사탕 소멍에 코뚜레
쟁기보습은 보이지 않고
허전한 마음에 뒤돌아설 때
내 앞에 반쯤 취한 얼굴로 쟁기 들고 서 계신
그리운 아버지가 보인다

# 나의 장례식

한 점 부끄럼이 없기 위해
오랫동안 그날을 준비해왔다오
내 장례식 날은 내 생애 최고의 날이요
이 땅에서 가장 큰 성공을 이룬 날이니
내 영정사진은 사자후를 토해내던 사진으로 해주오
나를 위해서는 찾아와주지 않아도 되오
그러나 내 가족들은 꼭 위로해주길 바라오
부디 울지는 말아주오
나처럼 행복하게 살다 죽은 사람이 어디 있겠소
재미있는 조크가 더 어울릴 거요
나의 주검은 한 줌의 재로 만들어
양지바른 소나무 아래 묻어주오
거기서도 가슴 설레이며 부활을 기다리겠소
나는 죽지만 믿음으로 말을 할 거요
믿음의 항해가 참으로 행복했노라고
그 항해가 끝나면 반드시
영원한 소망의 항구에 이르게 된다고.

## 무덤까지 그리운 사부

철부지 때도 그토록 위대하게 보이셨던
당신이 지금은 더욱 더 위대하게 보이신 이유가 무엇 때문입니까
철없던 때에도 크게 느껴졌던 당신의 사랑이
지금은 가슴이 미어지도록 온 마음 가득한 이유가 무엇 때문입니까
첫 만남부터 저를 알아보셨던 당신
버릇없이 촐랑거렸던 저를 믿음이 좋다고 용납하시고
허기진 배를 안고 채플에서 울고 있던 제게
몰래 오셔서 밥값을 빼 주시던 당신
그 사랑으로 채운 건 육신의 배만이 아니었습니다
쇠고기 건더기 사건으로 마침내 저를 울리시고
당신의 저서 앞에 스무 살 어린 제자를
"소강석 목사님 혜존, 큰 종 되소서"라고 높이셨던 당신[6]
당신은 과연 저에게
하늘이 내리신 스승이요, 사부이십니다
도미하신 이후에도 그 녀석은 큰 종 될 재목이라고
아는 사람마다 후원을 부탁하시고
마침내 고국에 오셔서

---

6) 가난한 신학생 시절 사랑으로 돌봐주신 故 박종삼 목사님을 추모하며

강사비의 전부를 뭉치로 내어주시면서
깊은 가슴만큼 깊은 속사랑을 터놓으시던 당신
그 말씀이 영원한 작별인사가 될 줄
당신도 미처 모르셨을 것입니다

오래 전 당신의 무덤 앞에서
엉엉 흐느껴 울던 때가 기억납니다
그리운 이름은 당신의 귓전에 들리지 않지만
전 당신의 이름을 부르며 울었습니다
그렇게 울던 그 개척교회 목사는
이제 꽤 이름난, 당신이 기대하던 목사가 되어
당신을 새롭게 사모하고 있습니다
당신은 위대한 학자는 아니었지만
가장 위대한 스승이셨습니다
당신은 대형교회 목회자는 아니었지만
가장 위대한 목자이셨습니다
당신은 유명한 신학교의 총장은 아니셨지만
가장 위대한 사부이셨습니다
당신은 지금 머언 땅
필라델피아의 한 묘지에 쓸쓸하게 누워 계셔도
당신의 혼과 정신은 제 속에 살아 움직이고
당신의 교훈은 저를 통해 엄청난 열매를 맺고 있습니다

오늘은 수만 명의 교인들 앞에서 당신이 그리워집니다
당신이 문득 그리워질 때는
당신의 숨결이 느껴지는 무덤조차 그리워지곤 합니다
저의 영원한 사부 박종삼 목사님
이제는 당신을 뵈올 수 없어 무덤이라도 그리워합니다
당신의 사랑처럼 따스한 봄이 오고 있는 무덤
아지랑이가 피어오르고
새 생명 움트는 당신의 무덤을.

# 선구자의 길

거친 해란강의 바람 앞에서
허리를 숙이지 않고 꼿꼿이 선
너 일송정이여
누가 선구자의 열정이 헛되다고 조롱 하는가
눈물의 씨를 뿌리지 않고
달콤한 열매만을 바라는 자 누구인가
선구자의 길을 가지 않고
성취자가 되려고 하는 자
쓰라린 가슴을 부여안고
눈물로 씨를 뿌리며 밤길을 걸어간 자에게
찬란한 새 아침의 영광이 기다리고 있나니
우리 모두 이제 선구자의 길을 가야 하리라
황홀한 무지갯빛 꿈의 미래를 향하여
거부할 수 없는 시간의 폭풍 속에서
바람에 찢기고 부서져간다 할지라도
고단한 선구자의 길
여기 해란강가에서부터 다시 말을 타고
먼 길을 달려가야 하리라.

## 갑바도기아의 황혼

당신들이 떠난 지 오래이지만
동굴마다 케케묵은 사랑의 체취가 아직도 남아 있네요
빛바랜 그림들 속에
그대의 아련한 기억들이 눈에 보입니다
누군들 재산이 귀하지 않으리오
그 모든 것들 다 내려놓고
이곳으로 와 살던 나날들
그러니까 삶이 더 소중했겠지요
사랑하며 살았나요
황혼의 햇살이 동굴까지 비쳐올 때
서쪽 하늘을 바라보며
함께 볼을 비비며 입 맞추지 않았나요
그 사랑의 눈물자국이 황혼 빛에 반사되어
내 눈에 푸르름으로 비쳐지고 있듯이
당신들의 황혼이 그토록 푸르렀겠지요
갑바도기아[7]의 황혼은 여전히 눈부시고 푸르릅니다
거기서 흘리는 나의 눈물도 파랗습니다.

---

7) 갑바도기아는 초대교회 성도들이 로마 황제의 박해를 피해 순결한 신앙을 지키기 위하여 모든 재산과 집을 버리고 떠났던 황량한 광야에 있는 동굴 지역이다.

# 4부 싯딤나무의 기도

# 눈보라

눈보라
내 소명의 첫 걸음 위에 내렸던 님의 하얀 수신호
눈물이 얼어붙어 기다란 처마 밑에 매달린
그리움의 고드름
아무리 기다려도 님의 전갈은
집 앞 마당에 도착하지 않고
대신 차가운 바람 소리만이 가득하였던
적막한 기다림

님을 찾아,
나를 부르는 님의 음성을 따라 걸었던
그 해 겨울의 골목
겨울 다리 위로 떨어지던 하얀 눈송이들
영혼의 시편이 되어 손바닥 위로 떨어질 때
그것은 눈물
뜨거운 사랑의 애달픔
나를 부르는
님의 떨리는 음성.

# 눈밭의 흰 백합화

무등산 기도원 눈밭 위에서
무릎 꿇고 울부짖던 야수의 포효
그 어떤 고난도 시련의 칼바람도
소명자의 뜨거운 심장 잠들게 할 수 없어
사명자의 길 가로 막을 수 없어
얼음 같은 심장 굳어버린 낙타 무릎으로
당신께 다가갔던 청춘의 겨울
거친 눈보라를 헤치며
주의 제단 한 송이 백합화를 바치기 위해
상처에서 흐르는 붉은 선혈
쓰리고 아파도 향기로운 제물 되기 위해
하얀 눈 밭 위에서 꽃이 되어 피었던
한 송이 백합화

# 빈 의자

지하상가 개척교회
예배 시간이 되어도 사람 한 명 없어
장모님과 아내, 아이만 놓고
설교를 하려면 마음이 곤고하여
어디론가 숨어버리고 싶을 정도로 가슴 아팠던 날들
토요일 저녁이면
지하상가 교회 차가운 빈 의자들을 붙잡고
눈물로 드렸던 기도
"주여, 사람을 보내주소서,
한 명이라도 보내주시면 생명을 걸고 사랑하겠습니다"
그 눈물의 기도 하늘에 닿아
목자의 피리소리를 따라 몰려오는 양떼들처럼
구름 같은 성도들을 돌보는 당신의 목동이 되었으니
아, 지하실 교회 차가운 빈 의자여
어둠 속에서 빛나던 영혼의 별빛이여
고독한 소명자의 눈물이 적신
사랑의 목마름이여.

# 길 위에서 묻는다

누구에게나 가고 싶은 길이 있다
비가 오고 바람 몰아쳐도
눈보라 속에서 쓰러져
길바닥 위에 얼음조각처럼 차갑게 굳어갈지라도
포기할 수 없는
멈출 수 없는
그리움과 갈망의 길이 있다
길은 어디론가 방향을 가리키고
바람은 등을 떠밀며
순례자의 발걸음을 재촉한다
구름은 지친 마음을 달래며
하얀 노래를 불러준다

당신이 걸음을 멈추지 않는 한
길은 끝나지 않는 거라고
당신이 쓰러지지 않는 한
길은 결코 중단되지 않는 거라고.

# 싯딤나무의 기도

메마른 광야 뜨거운 바람만 불어오는 지평선
끝을 알 수 없는 절망과 고통의 사막에 서 있는
보잘 것 없는 싯딤나무
가지가 구부러져 쓸모도 없고
가시가 많아 사람도 다가오지 않는
그 어느 것 하나 쓸데없는 싯딤나무
그러나 당신은 그 쓸모없는 싯딤나무를 꺾어
법궤를 만들라 하셨네

세상에서 방황하며 찢기고 상한 영혼
가시루 가득한 쓸모없는 인생
그러나 당신은 내게 찾아와 사랑으로 어루만지며
나를 사용하리라 말씀하여 주셨네
그 어느 것 하나 쓸데없는 인생
그러나 당신은 그 쓸모없는 인생을 꺾어
당신의 제자로 삼아 주셨네

나도 싯딤나무가 되게 하소서
이 쓸모없는 죄인 가시로 가득한 교만
당신의 손으로 다듬어 영광의 성전 쓰임 받게 하소서.

## 허수아비

당신을 떠나면 나는
생명도 사랑도 간절함도 잃어버린 껍데기
오늘도 나는 하늘을 향하여 젖은 눈물 흘리며
당신의 사랑만을 기다립니다
해맑은 하늘이 나를 환희 비춰주고
산들바람이 내 옷자락 흐트러지게 해도
당신 없는 나는 있을 수 없고
당신 없는 나는 살 수 없기에
울고 또 울며 당신의 이름 애타게 부릅니다
외로운 영혼 가슴에 안고
당신의 사랑을 기다립니다

내 영혼의 심장이 촉촉이 젖도록
지금 당신의 사랑 소낙비처럼 내려주소서.

## 갈릴리여 첫사랑의 추억이여

주님
어찌하여 우릴 찾아 갈릴리 바다로 오셨나요?
유대의 밤바람은 매섭고 추우며
맨살을 찢는 돌조각들이
갈릴리의 해변에는 아직도 깔려 있는데
그 맨발, 맨 손으로
어찌하여 죄 많은 우리의 영혼을 어루만지셨나이까?
주님과의 첫 사랑, 첫 추억
하얀 파도되어 다가오는
영혼의 은빛 포구
복음의 시은소
갈릴리에서 주님의 음성을 듣습니다
주님의 옷자락을 매만집니다
주님의 그 많은 이적을 경험하고도
그 깊은 심연의 사랑을 체험하고도
우리는 어찌하여
십자가에 달리신 주님만을 홀로 두고
주님 곁을 떠나 버렸나요?
첫 사랑의 추억도 잊고
주님의 첫 부르심도 모두 망각하고
은혜를 배반으로
사명을 저주로 바꾸어버린

죄 많은 우리들을
주님 어찌하여
못자국난 그 손 그대로
가슴에 붉은 핏자국 그대로
다시 안아 주시려
첫 사랑, 첫 눈물이 스민 그곳
갈릴리로 숨 가쁘게 달려오시나요
어둠속에서 슬피 울던
우리들의 상처와 절망을 어찌하시려고
다시 우리를 갈릴리로 부르시나요?

첫 부르심이 있었기에
첫 사명의 뜨거움이 활활 타오르고 있기에
갈릴리에서 만난 부활의 주님
다시 새로운 소명을 주시고
일사각오, 핏빛 순교의 길, 순례의 길
눈물로 걸어가게 하셨나이다

갈릴리여
주님과의 영원한 첫 사랑이여
눈물 자국 선명한 첫 추억의 감격이여
영혼의 젖은 옷깃 휘날리는

붉은 핏자국이여
우리의 영혼 뜨겁게 타오르게 하고
제2의 소명을 불 일듯 하게 하는
영원한 사랑의 땅이여, 소명의 바다여.

## 순결

너만큼 아름다운 것이 이 세상에 또 있으랴
너만큼 귀한 것이 이 세상에 어디 있으랴
너만큼 지키기 어려운 것이 이 세상에 그 무엇이랴
가지고 있을 땐 귀한 줄 모르지만
잃고 나선 돌이킬 수 없는 것
다시 일어설 순 있지만
흠과 티가 남는 것
너는 회복도 새 출발도
다시 일어서는 것도 아니어라
너는 그냥 너이어라
벌레가 한번이라도 먹으면
너는 더 이상 네가 아니기에
그대의 색깔은 흰색이 아니어라
청색도 황금빛도 투명한 수정도 아니어라
다만 생명의 빛깔이어라
그러기에 생명이 있는 곳엔
그대를 지키기 위한 몸부림으로 처절하다
그대를 잃어버린 생명은 더 이상
생명이라 할 수 없으니.

# 목련 앞에서

내 눈 어두워
그대 순결 보지 못했음을 용서해주오
내 코 막혀
그대 향기 맡지 못했음을 용서해주오
바람이 불지 않는데도
소리 없이 떨어뜨리는 당신의 하얀 눈물

나의 불결함 때문인가요
아, 목련이여
그대의 하얀 눈물이여.

## 물거품

세상에서 네가
가장 화려한 꽃 같지만
가장 황홀한 모습 같지만
그것은 잠시, 찰나일 뿐
그 후엔 고독한 암초
초라하고 험상궂은
돌들만 남길 뿐
난 속지 않는다
너의 유혹에
그 화려한 손짓에
절대로 내 영혼을 팔지 않는다

너의 부질없는 매혹에
너의 허망한 황홀함에….

## 유혹

늘 다니던 오솔길에 요염하게 피어있는 들장미가
오늘따라 눈에 띄는 이유는 무엇입니까
수많은 이름 모를 꽃들이 피어 있어도
굳이 그 이름 묻고 싶지 않더니
오늘은 왜 허리 굽혀 들여다봐지는 걸까요
칼바람이 불어오던 때
인동초의 앙증맞음도
아지랑이 피어오를 적
봄꽃들의 향연에도
눈길하나 주지 않던 내가
왜 지금 여름이 되어서
들장미의 화려함이 눈에 보이고
그 향취가 마음에 끌릴까요
꽃잎의 화사함은 더해가고
향기는 코끝에 진동합니다
아, 어찌하랴
들장미 앞에서 망설이고 있는 내 모습을
하지만 지금껏 곁에서 함께 하신 분
자상하게 일러줬던 말씀이 생각났습니다
저 장미꽃 잎 속에는 야욕의 가시
더러운 벌레가 있고
저 화사한 향취에는 영혼을 죽이는 독소가 있다고

마침내 긴 숨을 몰아쉰 후
다시 숲속의 여로를 걷습니다
벌레 먹은 들장미 대신
언젠가 하얀 목련의 면류관을 씌워주실
그분을 의지하면서 그분과 함께
난 오늘도
영혼의 오솔길을 걷고 있습니다.

# 눈물

당신 앞에 드릴
나의 소중한 것은 이것뿐
당신이 알아줄
나의 가장 값진 것도 이것뿐
웃음보다 더 소중하고 값진
당신의 제단에 바친 눈물
오늘도 영혼을 맑게 씻어주며
죄의 상처를 지워주는 눈물
당신의 연민을 끌어당기고
당신께 부복하게 하는 유일한 기도
그것은 두 볼을 소리 없이 적시며
흘러내리는 참회

## 그대 지친 옷깃을 여미며

그대 내 가슴의 옷깃처럼 흔들립니다
어느 날 터벅터벅 걸어오는 그대
무엇이 어깨를 짓누르고 있는지
가슴을 멍들게 하는지
그대 지친 옷깃 흘러내려
마음을 무겁게 하는지
나는 안개와 같은 연민에 쌓여
사랑의 돛배를 타고 떠납니다
그대가 잠든 강변에서
저녁노을 붉게 가슴 물들이며
그대 무거운 짐 덜어주고 싶어서
시린 새벽 홀로 눈물 흘립니다
터벅터벅 내게로 걸어온 그대
이제 또 떠날 때가 되었습니다
내 옷깃에 묻은 그대 눈물 자국
하나 하나 떨어지던 나뭇잎이
내 영혼의 뜰에 수북이 쌓일 때까지
고요히 그대가 오는 날을
기다리고 서 있겠습니다

한 점 흐트러짐 없는 마음으로
흐트러진 나의 옷깃을 여미며.

## 수많은 별들 중에 나를 택한 당신

별이 꽃처럼 피어나는 워싱턴의 밤하늘
저는 아브라함의 손목을 끌어
밤하늘의 별을 보여 주셨을 당신을 생각합니다
내 영혼의 가장 찬란한 별이여
황폐한 마음의 텃밭 향기로운 꽃이여
당신의 눈물겨운 숨결이여
그 사랑이 깊어가는 밤
외로운 저의 영혼 곁으로
양떼를 끌고 가는 선한 목자의 음성으로
카시오페이아 빛나는 자리
제 눈빛을 마주쳐 주세요
가을 밤하늘엔
저토록 수많은 별이 빛나고 있건만
세상에는 위대한 스타들이 있건만
워싱턴과 뉴욕, 보스턴
서울과 동경, 북경
런던과 프라하에 이르기까지
세계 곳곳에 빛나는 별들이 많건만
저 지리산 산자락
폭설이 내리면 숨소리도 들리지 않았던
그 자그만 움막 같은 곳에서
가난하였던 한 촌로의 막내아들로 태어나

검정고무신 신고 산동네를 뛰어다니던
어느 떠돌이 소행성을
그 찬란한 세계적 별들 사이를 다니며
사랑과 꿈을 전하게 하시고
오늘 더 찬란한 별이 되어 빛나게 하시는지요
저 수많은 별들 가운데 나를 택한 당신
밤새 워싱턴의 별을 헤아리며
당신의 사랑을 외친다 해도
그 사랑 무릎 꿇고 감사한다 해도
다 헤아릴 수 없으리
저 수많은 별들 사이에서 나를 택해 준 당신
나의 영원한 별이여
내 가슴을 비추는 황홀한 사랑의 빛이여.

## 저희가 대신 울겠습니다

님의 얼굴에
당신이 지나온 모진 역사가 새겨져 있습니다
구겨지고 찌든 얼굴에 애끓던 당신의 젊음
한 많은 청춘의 역사가 기록되어 있습니다
차마 죽지 못해 수치와 통한의 눈물을 훔치며
살아온 인고의 세월들
거기에 대한민국의 역사가 있고
님이 흘린 피눈물로
한민족의 역사가 애가 끓게 기록되어 있습니다
고국에도 돌아오지 못하고
어태껏 사할린[8]에 남아
모진 세월을 속가슴으로 삭이고 계시는
우리의 어미니들이여
이제야 찾아와 엎드려 절함을 용서하세요
어머니, 얼마나 고국을 원망하셨습니까
얼마나 저희들을 탓하셨습니까
기나긴 세월동안 얼마나 얼마나 눈물을 뿌리셨습니까
어머니, 이젠 그만 눈물을 거두세요
어머니가 여명의 눈동자로 뿌린 눈물 때문에
저희가 이렇게 잘되어 있잖아요
대한의 아들딸들이 이만큼 잘 자라 있잖아요

8) 사할린 : 유즈노사할린교회 집회 때 정신대 할머니들을 생각하며

이젠 그만 우세요
지금부턴 저희가 대신 울겠습니다
어머니의 모질디 모진 수치들
대한민국의 통한의 역사를 가슴에 품고
저희가 대신 눈물을 흘리겠습니다.

# 남한산성

저 겨울바람 속에 묻어나는
치욕과 수모의 역사를 어찌해야 한단 말인가
인조의 어가행렬이 겪어야 했던
47일 간의 피 비린내 나는 수치의 기록
단 한 치의 희망의 퇴로도 차단당한 채
죽어야만 살아나갈 수 있는 역사의 절벽 끝
인조의 두 눈에는 백성들의 절규와
비탄의 눈물이 강물이 되어 흐르고
삶은 치욕을 견디는 것
폐허가 된 조선왕조의 들판에서
결사항쟁의 깃발을 들고 최후의 죽음을 맞을 것인가
마지막 한 줌 생을 구걸하여 살아 걸어나갈 것인가
압록강을 건너는 오랑캐의 발자국소리는
인조의 가슴을 서늘하게 울렸고
그들이 몰고 온 거친 눈보라는
두 뺨을 세차게 후려쳤으리라
남한산성이여
돌무더기 하나하나에 피눈물이 스며있는
절대고도, 치욕의 성이여
주전파와 주화파의 처절한 외침이 밤새껏 소용돌이치던
역사의 마지막 뒤안길이여
남한산성은 그 역사의 골목을 휘돌아

오늘 우리에게 무엇을 외치고 있는가
후손들이여 치욕의 역사를 기억하라
고난과 수치의 역사를 가슴에 새겨라
우리가 흘렸던 피눈물의 역사를 잊지 말라
인조의 통곡소리를 들어라
남한산성이여
비운의 역사, 통곡의 눈물 언덕이여
수치로 인하여 다시 일어서게 하는
거대한 역사의 성벽이여.

## 벙어리가 되어도

마음대로 말하고 소리 지르며 사는
당신이 부럽기만 합니다
분주히 걷고 어디론가 전화하는 당신이
행복스레 보입니다
나도 한때는 당신보다 더 바빴고
더 소리를 질렀지요
내가 그러하듯 당신도
그때의 나를 무척 부러워했지 않았나요
그 분은 내게 한때는 소리를 지르게 하시더니
지금은 침묵하게 하시네요
한때는 목숨 걸고 일하게 하시더니
지금은 벙어리 되어 쉬라고 하시네요
하긴 말하든 말 못하든 일하든 쉬든
내 곁에 그 분이 계신다면
그것이 은총이고 축복이 아니겠습니까
사랑하는 이여
어떤 형편에 있든지 그대 심장에 불을 붙이세요
혹 벙어리가 되더라도 그대 심장을
타오르는 불꽃이 되게 하세요
훗날 그 분 앞에 서는 날
한 점 후회 없도록….

- 2009년 1월 성대 결절 수술을 한 후에 요양을 취하며 쓴 시

# 무궁화, 샤론의 꽃

삼천리 반도강산에
허기진 이들의 영혼의 탄식처럼
온 땅 가득 피어있던 무궁화여
오늘 당신은 어디로 가버렸습니까
시리아에서 한반도로 온 이래
한민족의 애환과 슬픔의 역사에 함께 해왔던 당신
화창한 봄날에는 해맑게 웃어주고
비 오는 날에는 함께 울며 의연히 버텨주었던 당신
바깥 깃봉에 태극기는 펄럭이고 있는데
왜 당신은 보이지 않는 겁니까
겨레의 꽃 무궁화여 다시 피소서
샤론의 꽃이여
삼천리 반도강산에 다시 한 번 만발하소서
그리고 샤론의 장미여
내 마음에 길이 피어주소서.

# 삼전도비

삼전도비를 아는가
조선의 왕이 청나라의 황제 앞에 무릎을 꿇고
세 번이나 큰절을 올리고
아홉 번이나 이마에 피가 나도록 땅을 찧었던
수치와 치욕의 역사를 기억하는가
청나라와 군신관계가 되어
조선의 왕이 무릎을 꿇고 받아들여만 했던
굴욕적인 항복문서
왕자와 대신의 아들들을 인질로 데려가고
청나라에 금을 1년에 만 냥씩이나 바치며
조선의 아리따운 처녀를 바칠 뿐만 아니라
남성의 고환을 잘라서 말린 것을 바쳐야 했던
그 치욕스러운 조항 앞에
고개를 숙인 채
살려달라고 애원하는 걸인처럼
부르르 손을 떨며 사인해야만 했던
그 치욕적 피의 혈서
깨어있는 지도자가 없었기에
삼전도비는 역사의 폐허가 되었고
통한의 무덤이 되어
그 오랜 세월 동안 말없이 서 있었노라

어두울수록 별은 빛이 나고
절벽 끝에 피어난 꽃은 잔인할 정도로
그윽한 향기를 발하느니
캄캄한 역사의 밤
수치는 더 반짝이는 별이 되고
치욕의 역사는 더 향기로운 꽃이 되어
폐허의 시간을 아름답게 비추어 주리라

삼전도비여
우리의 가슴을 울먹거리게 만드는
그 캄캄한 밤의 기록이여
수치와 굴욕으로 어두워진 역사의 밤을 지나
찬란한 역사의 여명이 밝아오는 길목
돌로 새긴 희망의 이정표여
부르르 몸을 떨며 반짝이고 있는 새벽 별이여!

## 애국가

조국혼의 깃발 휘날리는 하늘
붉게 물든 석양 너머로 애국가가 흘러나오면
우리 모두는 재잘거리던 소리도 그치고
쫓고 쫓기던 술래잡기도 멈추고 그대로 꼿꼿이 서서
국기에 대한 경례를 했지요
애국가는 한민족의 가슴을 울리는 영혼의 선율이요
다 함께 부르는 아리랑이요
울먹거리게 하는 눈물이었어요
독일광부로 간호사로 떠나던
우리의 아버지, 어머니, 누이들
검은 석탄 묻은 손으로
환자의 피 묻은 손으로
어루만지고 싶었던 그 태극기도
애국가가 흘러나오면
푸른 하늘에서 흔들리기 시작했어요
울음으로
눈물로
가슴 뭉클한 감동으로
세계 각국 이민자들의 가슴에
민족혼을 일깨워주는 태극기의 외침이었어요

대한민국, 나의 조국
어머니의 가슴이 그리워지면
비행기를 탈 때마다 애국가를 불러보세요
남의 나라 공항에 내릴 때마다 애국가를 불러 보세요
푸른 바다가 가리키는 영종도 공항에 내릴 때마다
하얀 깃발의 외침 애국가를 불러 보세요

어느새 애국가가 그치고
우리에게서 점점 멀어질 때에
혼자라도 가만히 서서 애국가를 불러보면
당신의 가슴 속에 태극기가 휘날려지고
울먹거리는 애국자가 되어
고향 어머니 품으로 달려가고 있을 테니까요
애국투사가 되어
감격의 눈물을 흘리고 있을 테니까요.

## 백두산 悲歌

어느 때 널 만나리라 꿈꾸었으리
분단의 세월만큼 그리움도 깊어
너 백두산
하늘에 맞닿은 천지의 모습에
심장의 고동소리가 거칠어진다

백두대간의 근원지로
너의 정기를 저 남쪽 지리산에 이르기까지
1,600㎞의 산경山經을 거쳐
때로는 파도처럼 이따금은 잔잔한 여울처럼
한 번도 쉬지 않고 흘러내리게 한 너
내 가슴은 설렌다

웅대한 백두대간의 뿌리가 되어
수많은 명산들을 기나긴 줄기로 하고
마침내 저 웅장한 지리산에서
정기를 장엄하게 꽃피운 너
너로 내 존재를 느끼기 시작한다

과연 한국인이 기상은
너로부터 발원되었구나
조국의 모든 강과 산이

너의 젖으로 자라는구나
아니 나의 기백의 뿌리가 너에게 있었구나

네 정기의 끝이요 화려한 꽃 봉우리인
지리산 마을에서 태어나
섬진강에 발을 담그고
지리산에 등을 기대며
너를 향해
동편제의 서러운 가락을
누구보다 많이 부르면서 자라왔고
내가 지금 꿈에도 그리웠던
하늘과 맞닿은 푸른 연못 위에 오르니
황홀함은 천지를 덮는다
내 존재의 뿌리를 보는 것만으로도
나는 몹시 흥분하고 있다

그런데 왜 너는 나를 보고도 침묵하는가
내가 왔는데도 왜 흥분하지 않는가
너의 꽃, 너의 자랑스런 열매가
금단의 땅을 우회하여
낯선 이국땅을 경유해
지치도록 숨가쁘게 달려왔건만

너는 무엇 때문에
여전히 나를 무심히 바라보는가
오랜 설움 금단의 허리 때문에
너마저 나를 외면하려는가

구슬프게 떨어져 내리는
장백폭포 아래서
우두커니 앉아 있다가
동편제의 가락을 목청껏 불러본다
마침내 나의 양 볼에도
짜디짠 폭포기 흐를 듯
두 눈에선 뜨거운 연못이 고이고 있다

# 살려주세요, 사랑을 주세요

콜록 콜록 콜록
한순간도 숨쉬기조차 버거운 채
마른 뼈와 앙상한 얼굴, 퀭한 눈으로
오늘을 지나고 있습니다
푸른 새싹이 되어 파란 하늘을 향해
피어나야할 어린 생명들이
어찌 하여 노란 가슴, 피를 쏟으며 죽어가는
폐장이 되었단 말입니까?
가난과 굶주림, 의료의 사각지대에서
벌레 먹고 병들어 노랗게 되었나요?
그래서 푸른 하늘도 노랗게 보이고 있는 건가요?

한 민족, 한 생명, 한 사랑으로 띠 띠운
그대 어린 숨결들이여
그들 모두가 우리의 아들딸이요, 한 목숨들인데
어찌하여 저 북녘 땅의 어린 천사들이
이런 고통을 당해야 한단 말입니까?
남녘에서는 이미 60년대에 지나갔던 결핵의 바람이
아직도 북녘 땅에는 태풍의 눈처럼 휘몰아치며
어린 새싹의 생명들을 앗아가고 있단 말입니까?

보이시나요?
국수 한 그릇 먹지 못하고 피를 토하며 죽어가는
저 어린 생명들의 가련한 눈물이
들리시나요?
결핵의 찬바람에 흔들리며
뼈만 앙상한 손을 모두어 드리는 애절한 저들의 기도가

살려주세요
사랑을 주세요
하늘에 하나님이 있고 남쪽에 수많은 천사들이 있다면
이 북녘 땅에도 그 천사들을 통해 약을 보내주세요
우리가 죽기 전에 남녘 천사의 따뜻한 손길이
이 북녘 어린이들을 어루만지게 해주세요
어머니의 따뜻한 젖가슴으로 우리를 안아주세요
배가 고파요, 가슴이 아파요, 살고 싶어요
어서 우리를 도와주세요
살아서 진정한 자유를 맛보게 해주세요

먼 훗날 우리의 생명이 꺼지지 않고
당신의 사랑으로 다시 살아나서
한민족의 자랑스러운 일꾼이 되고
평화의 사도가 되게 해주세요

우리 민족을 하나 되게 하는
사랑과 평화의 도구로
생명을 살리는 또 다른 생명의 꽃으로
당신 안에서 피어나고 피어나게 해주세요.

- SBS 북한 결핵어린이돕기 성금모금 헌시, 2008. 10. 8. SBS 공개홀

# 분단을 넘어 평화의 꽃길을 열어주소서

태고의 별들이 신비로운 호반의 물결 위로 뜨는 밤
저 백두대간의 허리를 끊고 순백의 심장을 찢었던
그날 새벽의 포성소리여
아, 어찌하여 한 형제, 한 동포를 향하여 총을 겨누고
창검을 찌르며 살인과 광폭의 세월을 보내야만 했던가
6.25전쟁, 동족상잔의 비극적 수레바퀴는
어언 65년의 세월이 흐르고
그 잔혹한 분단의 상처는 녹슨 휴전선에 피어난
들꽃들처럼 바람의 칼날에 찔려 통곡하는데
아, 돌이킬 수 없는 통한의 세월이여
붉은 피 가혈하며 목 놓아 울부짖는 이산의 아픔이여
아무리 손을 내밀어도 잡을 수 없고
민족의 광야를 달리며 밤 새워 절규해도
대답이 없는 분단의 참혹한 노래여
이제 6.25전쟁 60년 평화기도회를 맞아
분단의 밤을 넘어 평화의 아침이 오게 하여라
백두에서 한라까지 저 끊어진 철길을 따라
향기로운 화해의 꽃길이 열리게 하여라
아, 처절한 기도로 울부짖는 평화의 노래여
이젠 분단의 광야, 들꽃의 한숨소리도 그치고
이슬에 젖은 돌멩이도 눈부신 새벽 빛살에 깨어나고 있나니

통곡과 절규의 밤을 지나
평화 통일의 찬란한 아침이 밝아오게 하여라

주여, 남북이 겨누고 있는 총구에 꽃을 꽂아
평화의 축포를 쏘아 올리게 하소서
총탄이 변하여 화해의 별이 되게 하시고
창검이 변하여 아카시야 향기가 되게 하소서
그 날 새벽에 울린 포성소리가
저 백두에서 한라까지, 개마고원에서 김해평야까지
평화의 아리아로 울려 퍼지게 하소서
칠천 만 한민족의 가슴에 평화의 영을 부어주소서
분단의 폐허 위에 평화의 꽃이 피어나게 하소서
우리 조국의 대지 위에
다시는 전쟁의 비극이 일어나지 않도록
저 판문점과 국사분계선 위로 평화의 성막을 펼쳐주소서
그리하여 세계 유일의 분단국가 조국 대한민국이
세계 평화의 성소가 되게 하소서
한민족이 평화의 선민이 되게 하여 주소서
평화를 알리는 봄의 황금서판
불멸의 대서사시가 되게 하소서.

- 6.25전쟁 60년 평화기도회 기념시, 2010. 6. 22, 상암월드컵경기장

## 대동강을 바라보며

한강보다 훨씬 더 맑고 깨끗한 물이
대동강에 흐르는데
바람은 이다지 소름 돋게 냉정한 이유는 무엇입니까
맑은 물 출렁이며 흐르는데
물고기 한 마리도 얼씬거리지 않아 보이는 이유는 무엇입니까
한강보다 더 푸른 물이 넘실거리건만
파도의 주름은 유난히도 거칠게 보이는 이유는 무엇입니까
초록이 우거져 파란 하늘 가리워도
지저귀는 새 한 마리 없는 이유는 무엇입니까
동토의 땅 북녘의 젖 줄 대동강에도
정녕 봄은 오는 것입니까
숱한 순교의 피를 모두 받아 흐르게 했던
이 대동강의 겨울에도
정녕 봄은 오고 있는 것입니까.

## 검은 파도를 넘어 소망의 항구로 이르소서

진달래 지고 철쭉 피던 붉은 석양녘
당신의 인생도 꽃망울을 맺으며 꿈의 바다로 향하였지요
아련한 추억의 꽃을 피우기 위해 설레는 가슴으로
저녁 바다에 올랐을 때
갈매기가 그토록 서럽게 울었던 이유는 그 때문이었을까요
먼 산에서는 소쩍새가 목 놓아 울고 있었다지요
아, 얼마나 기다렸나요, 얼마나 그리웠나요
얼마나 절규하며 원망했나요
소쩍새 한 마리 날갯짓 하며 가쁘게 숨을 몰아쉰 후
저 절벽 아래 곤두박질하듯이
당신의 가엾은 꽃망울 피지도 못한 채
저 검은 바다 속에 빛바랜 흑백 앨범으로
그렇게 잠기고 말았습니다
아시나요, 우리가 그토록 당신을 기다렸던 것을
온 세상 노란 물결 가득 이루며
당신이 우리 곁으로 와 주기를
얼마나 애모했는지 당신은 아셨나요

아, 당신은 떠났습니다
캄캄한 성난 파도를 넘어
수정같이 맑은 소망의 항구로 떠났습니다

이제, 아침 햇살 눈부신 평화의 교정에서
헤어졌던 친구들을 다시 만나
재잘거리며 웃고 있나요
끝까지 당신의 손 놓지 않았던
선생님들과 반갑게 껴안고 다독여주고 있지 않나요
그곳은 춥지 않고 따뜻한 건가요

잊지 않겠습니다
그리고 당신의 눈물을 저 역사의 황금서판에
불멸의 기록으로 새겨 놓겠습니다
당신의 눈물이 새 역사이 배를 건조하고
희망의 나라로 개조하도록
참회의 유리병에 담아 놓겠습니다

그러나 아직은 용서하지 마십시오
아직은 눈물을 닦지 마십시오
그러기엔 너무나 이릅니다
우리가 새로운 배를 건조하고
희망의 나라를 세울 때까지
슬프도록 푸르른 눈물 두 볼에 흘리며
우리를 끝까지 고발해주십시오

우리가 절망과 슬픔의 저 검은 파도를 넘어
햇살 눈부신 소망의 항구에 이를 때까지
그 곳에서 쉬지 말고 우리에게 이야기해주십시오

눈물이 마르도록 그리운 당신이여,
우리 가슴에 여전히 노란 물결로 남아 있는
잊을 수 없는 그대 이름이여.

- 세월호 참사 애도예배 추모시, 2014. 6. 1. 서울 명성교회

## 그 아픈 눈물로 다시 무궁화를 만발케 하라

그날 조선의 하늘이 그토록 검기만 했던 까닭은
그 때문이었습니까
그 검은 하늘 아래 조선의 희미한 등불은
현해탄에서 불어오는 일본의 야수적 폭풍에 꺼져버렸고,
그 이후, 그토록 비 오고 광풍이 부는 모진 세월들은
조선의 하늘에 태양도 달도 별들도 뜨지 않게 했습니다
일제 36년의 어둡고 핏빛 감도는 하늘과 땅
연이라도 날려 구름 속에 감추어진
희망의 해를 보고 싶었건만 달조차 보지 못하여
울 밑에선 봉선화는 그토록 슬피 울며 피어야 했던가요

심장의 피가 펄펄 끓었던 불멸의 독립투사들이
한 사람씩 잡혀가 형장의 이슬로 사라져갔고
이 땅의 남정네들은 대동아전쟁의 총알받이와 노무자로
꽃다운 조선의 누이들은 일본 군벌의 노리갯감으로 끌려갔습니다
그 치욕과 모멸의 세월들이여
그래도 우리 누이들의 눈동자에서는
희미한 별빛이 빛나고 있었으며
사할린으로 끌려간 조선의 아버지들도
새벽이슬을 맞으며 대한독립의 여명을 꿈꾸었습니다

그런 눈동자와 마주친 무수한 새벽 별빛이 모이고
사무친 영혼과 노래와 처절한 기도의 함성이
하나님의 마음을 움직여
마침내 1945년 8월 15일 광복의 감격을 맞게 하였으니
그날 백두에서 한라까지 삼천리 조선 땅은
태극기의 물결로 쓰나미를 이루었으며
그 물결은 오늘 대한민국의 번영의 파도로 휘몰아쳤습니다

그러나 그대들은 기억하고 있는가
지난 날 선조들이 당한 수치와 영욕의 역사들을
지금 죽어서도 울고 있는 위안부 할머니들을
민족의 영원한 어머니들이 짓밟혔던 치욕의 수치를
그대들은 기억하고 있는가
우린 지금 왜 조선 독립의 영광의 꽃만 기억하려 하는가

아, 수치를 기억하는 민족에게만 미래의 희망이 있거니
오늘 광복 69주년을 맞이하여
다시 우리 민족의 수치를 기억하며
광복의 기쁨을 목청껏 노래해야 하리라
우리의 가슴에서 사라져버린 태극기의 물결을 일으켜야 하리라

죽어서도 눈감지 못한 우리 어머니들의 눈물을 거름삼아
다시 무궁화 만발하는 통일 대한민국을 이루어야 하리라

한반도의 광야에 광복의 빛을 비춰주신 주여,
광복 69주년을 맞은 우리 조국이
다시 첫 새벽을 기다리는
들녘의 꽃들과 창공의 새들의 하모니와 함께
통일조국을 넘어 동북아의 중심이요, 세계 일류 국가로
다시 솟구치고 비상하게 하소서

아, 8.15 광복의 아침이여
민족의 대지를 깨우는 시리고 시린 새벽 발자국 소리여
그 새벽길에 피어난 선홍빛 봉선화의 사랑과 노래여
역사의 봄의 서판에 기록될
불멸의 꿈과 도저한 희망의 역사여!

- 8.15 광복절 69주년 기념시, 2014. 8. 13. 국회대강당

# 작품해설

## 작고 여리고 스러져가는 것에 대한 특별한 애정

### – 소강석 시인의 시세계

김순진(시인 · 문학평론가 · 고려대 평생교육원 교수)

<작품해설>

# 작고 여리고 스러져가는 것들에 대한 특별한 애정

- 소강석 시인의 시세계

김 순 진

지난 12년 동안 계간 <스토리문학>을 발행해오던 필자는 2년 전 한국스토리문인협회를 회장으로 김원식 시인을 추대했다. 김원식 시인을 회장으로 추대한 이유에는 여러 가지가 있겠으나 무엇보다도 나는 한국스토리문인협회 회장으로는 독실한 신앙을 가진 사람이어야 한다는 생각을 가지고 있었는데, 김원식 회장 역시 발행인인 내가 어떤 신앙을 가지고 있느냐에 우선을 두고 회장직을 수락해주었다. 이렇게 해서 두 사람이 주 안에서 함께 의견을 조율하며 활동하다보니 우리는 어떤 단체보다 활발하게 단체를 이끌어나갈 수 있었다.

그러던 중 우연한 기회로 김원식 시인이 신도시 대형교회 목회자로서 꾸준히 서정적인 시작 활동을 해 오던 소강석 목사에게 시집 출판을 제안하여 원고를 받게 되었다. 살다 보니 이런 행복한 일도 있다. 평소에 마음으로만 그리던, 그리도 만나고 싶던 소강석 시인의 시집 해설을 쓰게 되다니. 나는 어려서부터 교회에서 놀고 교회에서 자라다시피 했다. 어머니께서 권사 직분으로 봉사하다 몇 년 전에 소천하셔서 신앙에 대한 갈증이 깊던 나에게 소강석 목사님과의 만남은 돌아가신 어머니가 살아오신 듯, 유년 시절 군인교회에 다닐 때 군종 선생님들을 만나는 듯 설레는 일이었다.

그러나 시집을 출판하는 일과 하나님의 일은 구분할 수밖에 없는 상황에서 나는 조금 조심스러웠다. 작품을 한 편, 한 편 읽으면서 그냥 사랑시의 일색일 것이라던 나의 추측은 보기 좋게 무너졌다. 소강석 시인은 단순히 시를 좋아하는 기호인이 아니라 본격시를 쓰고 있는 출중한 현대시인이었기 때문이다.

그의 시는 하나같이 회개를 바탕으로 하나님의 말씀을 충실히 수행하고 있었으며, 그렇다고 해서 그의 시가 전체적으로 하나님의 이야기만을 다루지 않고, 자연과 사람, 국토와 조국, 그리고 인간과 역사의 연민을 충실하고도 특별한 시인의 눈으로 담아내고 있었다. 그는 자아에 대하여 철저히 반성하고 성찰하며, 자연에 대하여 의사처럼 관찰하고 친구처럼 대화했다. 역사에 대하여 가정과 사회, 그리고 국가관이 투철한 대한민국의 우량한 국민이었다. 나는 목사의 직분으로서가 아닌 시인 소강석의 시집 원고를 받아들고 오열했다.

새에덴교회라는 대형 교회의 담임목사인 그의 관심사는 크고 위대하고 아름다운 것이 아니었다. 그가 그렇게 큰 교회를 개척해서 수많은 성도들의 목회자가 될 수 있었던 것은 작고 여리고 스러져가는 것들에 대한 특별한 애정이 있기 때문이었다. 그래서 그의 시는 박스를 주워 유모차에 싣고 가는 노인이나, 찜질방 구석에서 아이를 데리고 와 잠을 청하는 젊은 어머니, 그리고 만주 벌판에서 우리의 독립을 위해 목숨을 잃고 잊혀져가는 젊은 독립군 등에게 따스한 시선을 두고 있었다. 이에 필자는 소강석 시인의 시세계를 크게 '소강석의 인간성', '시에 나타나는 문학적

완성도', 그리고 '신앙을 통한 봉사와 나눔 정신'이란 세 가지 관점에서 조명해보고자 한다. 그럼 이쯤에서 소강석 시인의 시를 읽어보면서 그의 문학세계를 들여다보자.

①
꽃잎은 바람에 흔들려도
바람을 사랑합니다
꽃잎은 찢기고 허리가 구부러져도
바람을 사랑합니다
누구도 손 내밀지 않고
아무도 다가오지 않은 적막의 시간
바람은 꽃잎을 찾아왔습니다
별들의 이야기를 속삭이고
나뭇잎 노래를 들려주고
애틋이 어루만져 주었습니다
밤이 깊어도
아침이 밝아도
꽃잎이 모두 져버려도
꽃잎은 바람을 사랑합니다
그래서 바람이 불면 꽃잎이 떨어집니다.

–「꽃잎과 바람」 전문

②
상하이,
대한민국 역사의 촛불이 바람 앞에 꺼져갈 때
황포강을 거슬러 올라 새벽의 젖은 눈동자로
조국의 독립을 염원하며 희망의 새 아침을 바라보았다
쫓기고 쫓기는 추적과 압제의 세월
마지막까지 포기할 수 없었던

조국독립의 꿈을 안고
누추하고 허름한 골목 자그만 집을 빌려
대한민국 임시정부청사의 간판을 걸었다
그것은 민족의 마지막 맥박이었다
꺼져가는 조국의 생명을 살릴
붉은 심장의 터질 듯한 박동소리였다
스물다섯 꽃다운 청춘의 피를
민족의 제단 위에 바쳤던
윤봉길 의사는 부릅뜬 눈으로
상해 임시정부청사를 찾는 우리에게 묻는다
그대는 얼마나 간절히 조국을 사랑하느냐고
그대는 얼마나 뜨겁게 민족을 가슴에 품고 있느냐고

저녁이 깊어가는 상하이의 밤
황포강 물결 위로
나라 잃은 유민의 외로움과 고독, 애탄의 눈물
고통 속에 빛나던
희망의 불빛들이 흘러간다.

-「상하이의 저녁」 전문

따옴시 ①「꽃잎과 바람」과 따옴시 ②「상하이의 저녁」은 전혀 다른 시다. 두 시는 서로 유사성이 전혀 없으나 대단한 공감대를 형성하고 있다. 그런데 우리에게 따옴시 ①「꽃잎과 바람」에서 꽃잎은 국민으로, 바람은 잃어버린 조국으로 읽힌다. 따옴시 ②「상하이의 저녁」에서 상하이란 지명은 일본강점기시대에 우리나라 임시정부가 있던 곳이다. "쫓기고 쫓기는 추적과 압제의 세월" 앞에서 "마지막까지 포기할 수 없었던 / 조국독립의 꿈을 안고"

이역만리 낯선 땅에서 상해임시정부의 간판을 내걸었던 우리의 선조들은 따옴시 ① 「꽃잎과 바람」에서 나오는 꽃잎으로 읽힌다.

따옴시 ①의 화자는 사람이 아니라 꽃잎이다. 꽃잎은 어떤 상황에서도 맹목적으로 바람을 사랑한다. 엊그제 광복70년 광복절이 지났다. 꽃잎은 독립투사나 해외에 거주하는 교포들이 맹목적으로 조국을 사랑해온 것처럼 바람을 사랑한다. 그래서 꽃잎은 '바람에 흔들려도', '찢기고 허리가 구부러져도' 바람을 사랑한다. 따옴시 ②에서 25세의 윤봉길 의사는 적의 장군들이 모여 행사를 하고 있는 홍구공원에 도시락 수류탄을 던진다. 이러한 젊은 윤봉길 의사의 거룩한 행위가 꽃잎이 여름을 위해 스스로의 목숨을 바치는 것이 연상되는 이유는 무엇일까? 그렇다고 바람이 꽃잎을 사랑하지 않는 존재는 아니다. 일본제국주의자들에 의해 나라를 빼앗겼을 때 꽃잎 같은 백성들은 조국을 버리지 않았다. 일본의 나가사키와 히로시마에 원자폭탄이 떨어졌기 때문에 일본이 패망했지만, 우리의 독립군들은 충분히 일본을 몰아낼 수 있는 능력을 키웠다. 나라가 패망했어도 국민들은 나라의 독립을 위해 꽃잎처럼 스러져도 제 몸을 아끼지 않았는데 바람이 변해 꽃잎이 되었던 것처럼 국민은 스스로 상해임시정부를 수립하고 조국이 된다. 그리하여 결국 꽃잎으로 인해 빼앗긴 들에도 봄이 오게 된 것이다.

③
깊은 저녁, 찜질방 한 구석
두 어린 자녀와 함께 잠을 청하는

아주머니 한 분이 있다
예닐곱살 된 어린 아이가
얇고 하얀 소라껍질 같은 조그만 손으로
한쪽으로 기운 엄마의 지친 어깨를 주물러 주고 있다
모자의 쓸쓸한 모습이
고독한 고흐의 점묘화처럼 다가온다
이 밤에 남편은 어디 가고 어린 아이들만 데리고
이곳에서 잠들려 하는 것일까
인생은 얼마나 힘이 들고
혼자 지기엔 짐이 고달픈가
어린 송아지를 뒤에 두고
수레를 끄는 어미 소처럼
당신은 목에 메인 멍에를 풀려고 하는가 보다
당신이 나의 성도라면
다가가 손이라도 한 번 잡아주고 기도해주련만
찜질방에서의 나는 목사이기 전에 한 남자일 뿐
아무 것도 할 수 없어
한쪽 구석에서 그냥 울고 온다

아, 나는 오늘 푸른 지구별에서 떨어져 나온
작고 외로운 두 떠돌이별을 만났다
두 모자의 초상은 내게 끝없는 환영을 이루고
나는 또다시 떠돌이별이 된다

—「어느 모자의 초상」 전문

④
도대체 맹인이 무엇을 본다고
기어이 로키산맥을 올라가고
박물관까지 가서
피카소, 레오나르도 다빈치

미켈란젤로의 그림을 감상하는 걸까
그렇게 심심하고 엉덩이가 근질근질하면
지팡이나 하나 들고
평평한 운동장이나 몇 바퀴 돌고 오실 일이지
그 수려한 요세밋공원
그랜드캐니언엘 무엇하러 가는가
항상 이런 의문을 가지고 있던 나에게
한 똑똑한 맹인이 말을 한다
"여보슈 당신은 시를 쓰시유?
당신도 시에 대해서는 문외한이오
맹인 주제에 무슨 시를 안다고 시를 쓰시는 거유"
그래서 나는 맹인에게 대답했다
"하긴 당신이나 나나 똑같은 맹인이오
그래요 나도 당신처럼 시를 느끼고 싶고
내 식으로 감상하고 싶어 시를 쓰고 있다오"

-「맹인과 詩人」 전문

따옴시 ③「어느 모자의 초상」과 따옴시 ④「맹인과 詩人」은 다 같이 물질만능의 삶에서 외면 받는 사람들의 한 단면을 그린 시다. 그런데 따옴시 ③은 가정이 파괴되어가는 과정 속에서 본 목회자로서의 나와, 외간 남자로서의 내가 가지는 갈등을 그리고 있다. 따옴시 ④ 맹인을 바라보는 시인의 갈등을 그리고 있다. 모두 인간이 가지는, 가질 수 있는, 가져야만 하는 갈등이다. 따옴시 ③「어느 모자의 초상」에서 두 모자는 중산층이 무너지고 자꾸만 양극화되어가는 한국사회의 단면을 고발하는 한편, 어떻게 손을 내밀 수 없는 상황에서 그냥 바라만 보아야 하는 한 지식인의 고뇌는 많은 사람을 공감케 한다. 그리고 따옴시

④「맹인과 詩人」에서 맹인에게 로키산맥에 오르고, 박물관에 가서 미술품을 관람하고 요세밋공원과 그랜드캐니언에 가는 이유를 묻는다. 이는 시인이 맹인에게 묻는 것이 아니다. 스스로에 대한 질문이다. 성한 눈과 다리로 로키산막을 오르지 못한 자신에게 '너는 무엇을 하는 사람이냐?'고 스스로에게 묻는 질문이다. 맹인이 박물관에 가서 미켈란젤로의 그림을 보는 이유를 묻는 것은 밝은 눈으로도 미켈란젤로의 그림을 이해하지 못하는, 바쁘다는 핑계로 박물관에 가지 않는 스스로에게 묻는 질문이다. 그가 맹인에게 질문이나 맹인이 시인인 그에게 하는 질문은 모두 상대방에게 하는 질문이 아니라 스스로에게 하는 시인 자신의 질문이다. 따라서 여기서 소강석 시인은 아름다운 것, 긍휼한 것, 도와야 할 것, 고발해야 할 것을 보지 못하는 맹인이고, 맹인은 아무것도 보지 못하지만 세상 모든 것을 미루어 봄으로써 더욱 선명한 이미지를 가질 수 있는 시인이 될 수 있다고 말하는 것이다.

⑤
청운의 이상을 품고 선비들이 한양으로 올라오던 길
과거에 낙방하여 울기도하고
장원급제하여 쾌거를 부르며 내려가던 길
옛 선비들의 한과 노랫소리가 아직도 서려있다
천재소년 김시습의 시비를 보고
신사임당의 시비 앞에 서면
나도 어느새 시인이 되고
소나무 숲 아래서 가슴 열어 심호흡을 하며
흐르는 계곡 물을 엎드려 마시노라면
어느새 신선이 된다
이름 모를 산새들 내 영혼에 스며 노래하고

바람소리가 내 깊은 영혼에 어우러지면
가장 순수한 오케스트라가 피어
영혼 속에서 앙상블을 이룬다
하지만 강릉옛길을 걸었던
천재소년 김시습도 대학자 율곡 이이도
현모양처 신사임당도 한 가지 길은 몰랐으니
아, 어이 할꼬 구원의 길이여
구도자들이 걷는 강릉 옛길은
그냥 역사와 추억만 서려있는 길이 아니다
우매하고 때 묻은 영혼이
깨닫고 소생하고 순결을 경험하는 길이다

단풍잎 사이로 불어오는 강릉옛길의 바람은
내 가슴 깊이
영감의 바람으로 스미고 있다.

－「강릉 옛길」 전문

⑥
삼전도비를 아는가
조선의 왕이 청나라의 황제 앞에 무릎을 꿇고
세 번이나 큰절을 올리고
아홉 번이나 이마에 피가 나도록 땅을 찧었던
수치와 치욕의 역사를 기억하는가
청나라와 군신관계가 되어
조선의 왕이 무릎을 꿇고 받아들여만 했던
굴욕적인 항복문서
왕자와 대신의 아들들을 인질로 데려가고
청나라에 금을 1년에 만 냥씩이나 바치며
조선의 아리따운 처녀를 바칠 뿐만 아니라
남성의 고환을 잘라서 말린 것을 바쳐야 했던
그 치욕스러운 조항 앞에

고개를 숙인 채
살려달라고 애원하는 걸인처럼
부르르 손을 떨며 사인해야만 했던
그 치욕적 피의 혈서
깨어있는 지도자가 없었기에
삼전도비는 역사의 폐허가 되었고
통한의 무덤이 되어
그 오랜 세월 동안 말없이 서 있었노라

-「삼전도비」 부분

⑦
저 겨울바람 속에 묻어나는
치욕과 수모의 역사를 어찌해야 한단 말인가
인조의 어가행렬이 겪어야 했던
47일 간의 피 비린내 나는 수치의 기록
단 한 치의 희망의 퇴로도 차단당한 채
죽어야만 살아나갈 수 있는 역사의 절벽 끝
인조의 두 눈에는 백성들의 절규와
비탄의 눈물이 강물이 되어 흐르고
삶은 치욕을 견디는 것
폐허가 된 조선왕조의 들판에서
결사항쟁의 깃발을 들고 최후의 죽음을 맞을 것인가
마지막 한 줌 생을 구걸하여 살아 걸어나갈 것인가
압록강을 건너는 오랑캐의 발자국 소리는
인조의 가슴을 서늘하게 울렸고
그들이 몰고 온 거친 눈보라는
두 뺨을 세차게 후려 쳤으리라

- 「남한산성」 부분

보통 목회자나 신앙을 가진 사람들이 우리의 전통을 계

숭하는 일이 하나님의 일을 하는 일과 반하는 일로 생각한다. 그런데 그렇지 않다. 뿌리 없는 내가 어디 있으랴. 하나님께서는 우상을 숭배하지 말라고 했을 뿐, 전통문화를 잃어버리라 말씀하지 않으셨다. 그런 것처럼 소강석 시인의 시에는 정말 우리 전통문화에 대한 긍지와 잊혀져가는 것에 대한 안타까움, 그리고 명예회복에 대한 소망이 진하게 묻어나온다. 우선 세 편의 시를 예로 들어 소강석 시인이 가지는 역사에 관한 해박한 지식과 전통을 사랑하고 아끼는 마음을 살펴보자. 따옴시 ⑤ 「강릉 옛길」에서 선조들은 끊임없이 서울로 향하고 되돌아간다. 그러나 그들은 정작 한 가지 길을 발견하지 못했다고 시인은 말한다. 강릉 옛길은 선비들이 과거를 보기 위해 오르내리던 길이다. 김시습과 신사임당과 이율곡이 다니던 길이다. 그런 만큼 사연도 많고 풍광도 좋다. 그런데 소강석 시인은 "길에만 길이 있는 것이 아니다"라고 은연중에 말한다. 가장 좋은 길은 사람의 마음을 읽는 길이고, 가장 올바른 길은 스스로를 구원하려는 구도자의 길이라고 시인은 말한다.

따옴시 ⑥「삼전도비」과 ⑦「남한산성」에서 시인은 한 나라의 왕이 국력이 부족하여 다른 나라 왕에게 무릎을 꿇어 수모를 당하고 금전뿐만 아니라 아리따운 여인과 남성의 고환을 잘라 말린 것을 바쳐야 했던 역사를 세인 속에 드러낸다. 나라의 힘이 없어서, 깨어있는 지도자가 없어서 수모를 당해야만 했던 역사는 훗날 일본제국주의에 의해 재연되었다. 그런데도 우리나라 사람들은 국력을 키우기보다, 단합하기보다 개인의 자유를 앞세운다. 개인의 이득을 나라나 단체의 이득 앞에 내세운다. 천안함을

침몰시키고, 연평해전을 일으키고, 철책에 목함지뢰를 매설해 우리 군의 소중한 인명을 살상하면서도 연일 퍼붓는 북한의 협박에 너무나 태연한 우리 민족은 어쩌면 나라를 잃고 떠돌아야 하는 유목민이 될 수 있음을 시인은 은연중에 역사를 통해 경고하고 있는 것이다.

⑧
대형 쇼핑센터와 백화점이 도시를 점령하면서
우리 눈앞에서 자취를 감춰버린 5일장
토종닭, 연두색 고사리, 배추뿌리
할머니가 껍질을 벗기고 있는 산더덕,
아줌마가 솥뚜껑에 부치는 감자전, 배추전, 깻잎전
고향에 계신 어머니의 향기가 나는 듯
그리움에 목이 메이고
어린 시절 동심의 세계로 돌아가고 싶을 때
추억의 그림자를 안고 찾아가는 모란시장
그러나 요즘은 모란시장을 둘러봐도
검정고무신 눈깔사탕 소멍에 코뚜레
쟁기보습은 보이지 않고
허전한 마음에 뒤돌아설 때
내 앞에 반쯤 취한 얼굴로 쟁기 들고 서 계신
그리운 아버지가 보인다

– 「모란시장」 전문

따옴시 ⑧ 「모란시장」을 세심하게 읽어보자. 이 시는 실제로 모란시장을 가보고 발로 쓴 시이다. 모란시장에는 소강석 시인이 어릴 때 보고 자라던 "토종닭, 연두색 고사리, 배추뿌리, 산더덕, 감자전, 배추전, 깻잎전, 검정고무신, 눈깔사탕, 소멍에, 코뚜레" 등 그리운 것들이 모두 진열되어 있다. 목회 일을 하느라, 강의하느라, 신문에 칼럼을 기고하고, 방송에 출연하며, 국내와 해외에 있는 여린 백성의 아픈 곳을 긁어주고 만져주느라고 여러 가지로 너무너무 바쁜 상황에서 소강석 목사가 목회에 크게 성공할 수 있었던 것은 시골에서 자란 추억을 가슴 속에 가득 가지고 있었기 때문이라는 것이 크게 뒷받침했을 것 같다. 그런 소박하고 그리운 것들은 바쁜 일상을 살아가다가 만났을 때, 때로 어머니가 되고, 친구가 되며, 꼴을 한 짐 지고 내려오다가 뛰어드는 냇가가 된다. 그는 문학성이 깊은 어머니의 손에 의해 자라났다. 소년 소강석은 평소에 글짓기를 잘하고, 공부를 잘했으며, 웅변을 하면 군에서 상을 휩쓸어오곤 했는데, 어머니는 우리 강석이가 고시에 패스를 하면 손가락에 불을 켜고 동네를 돌겠다고 하셨다고 한다. 하루는 엿이 너무나 먹고 싶어 아버지의 전 재산이나 다름없는 쟁기의 보습을 멍키스패너로 풀어다가 엿을 사먹었다는 일화는 유명하다. 그런데 소강석 시인은 전라도 사람으로는 예수를 믿는 사람이 거의 없는 당시에 교회를 다니게 되는데, '그럴 테면 나가라.'는 아버지의 야단 아닌 야단을 듣고 가출을 하게 되고 그를 통해 진실로 돈독한 신앙의 길을 나서게 된다. 그러니 그가 어머니 아버지에 대한 그리움과 사랑이 얼마나 큰가는 이해하고도 남는다. 소강석 목사는 광주에서 신학을 전공한 뒤 진정으로 예수를 영접하고 돌아와 어머니와 아버지한테 진정으로 용서를 받게 되는데, 아버지와 어머니는 모두 예수님을 영접 받고 기쁨의 삶을 살다가 하나님의 부름을 받게 된다.

아버지는 돌아가신지 7년, 어머니가 돌아가신지 3년이 지난 시점인 요즘에 모란시장을 보고 막내아들의 입장으로 가슴이 아리고 감회에 젖는 것은 당연한 일이라 생각된다.

다음 시를 읽어보자.

⑨
지하상가 개척교회
예배 시간이 되어도 사람 한 명 없어
장모님과 아내, 아이만 놓고
설교를 하려면 마음이 곤고하여
어디론가 숨어버리고 싶을 정도로 가슴 아팠던 날들
토요일 저녁이면
지하상가 교회 차가운 빈 의자들을 붙잡고
눈물로 드렸던 기도
“주여, 사람을 보내주소서,
한 명이라도 보내주시면 생명을 걸고 사랑하겠습니다”
그 눈물의 기도 하늘에 닿아
목자의 피리소리를 따라 몰려오는 양떼들처럼
구름 같은 성도들을 돌보는 당신의 목동이 되었으니
아, 지하실 교회 차가운 빈 의자여
어둠 속에서 빛나던 영혼의 별빛이여
고독한 소명자의 눈물이 적신
사랑의 목마름이여.

– 「빈 의자」 전문

따옴시 ⑨ 「빈 의자」는 소강석 시인이 가락동의 개척교회 시절에 겪은 이야기다. 소강석 목사는 1988년 가락동의 한 지하상가에서 개척교회를 시작하였다. 정말 피눈물 나는 이야기다. 시인의 말처럼 "예배 시간이 되어도 사람 한 명 없어 / 장모님과 아내, 아이만 놓고" 설교를 해야만 했던 심정은 어떠했을까? "지하상가 교회 차가운 빈 의자들을 붙잡고 / 눈물로" "주여, 사람을 보내주소서, / 한 명이라도 보내주시면 생명을 걸고 사랑하겠습니다"라는 말씀은 어쩌면 예수님께서 직접 들려주시는 음성으로 들린다. 소강석 목사의 간증을 들으면 '하나님은 꼭 이루어주신다'는 말씀을 믿게 된다. 다음은 소강석 목사의 간증 중 일부이다. "저는 88년도 가락동에서 월세로 처음 교회 개척을 시작했습니다. 그러다 함께 할 개척 멤버나 경제적인 지원 없이 분당으로 옮겨와 그야말로 맨 손으로 지금의 새에덴 교회를 시작했습니다. 개척 3년 만에 300명의 장년 성도를 돌파하게 되었으며, 4년 만에 400평의 교회 건축 대지를 구입했습니다. 그리고 7년 만에 1030평에 달하는 교회 건물을 건축하게 되었으며 1500명의 성도를 이루게 되었습니다. 이것은 제가 특별해서도 아니고 지역적인 조건이 좋아서도 아닙니다. 7년 동안 하나님 앞에 엎드렸던 눈물의 기도와 전적인 하나님의 은혜입니다." 라고 말하고 있다. 지금은 4만여 명의 성도가 새에덴교회에 나가 예배를 드리고 있다. 새에덴교회가 이렇게 빠른 기간 내에 크나큰 성장을 이룰 수 있었던 것은 세계적 교회사에도 없는 이례적인 일이다. 여기에는 이 시에서 보이듯 성도들을 내 부모님이나 형제처럼 아끼는 마음이 있었기 때문이라는 생각을 해본다. 감사하는 마음을 잊지 않았기 때문이라 생각해본다. 내가 발전하고 싶은 것처럼 성도들의 발전을 돕고 그들의 미래와 행복을 같이 고민했기 때문이라 생각해본다. 그리고 나아가 하나님의 말씀을 무조건 믿고 의지하며 따랐기에 가능할 수 있었다고 본다.

별이 꽃처럼 피어나는 워싱턴의 밤하늘
저는 아브라함의 손목을 끌어
밤하늘의 별을 보여 주셨을 당신을 생각합니다

(중략)

세계 곳곳에 빛나는 별들이 많건만
저 지리산 산자락
폭설이 내리면 숨소리도 들리지 않았던
그 자그만 움막 같은 곳에서
가난하였던 한 촌로의 막내아들로 태어나
검정고무신 신고 산동네를 뛰어다니던

(중략)

저 수많은 별들 사이에서 나를 택해 준 당신
나의 영원한 별이여
내 가슴을 비추는 황홀한 사랑의 빛이여.

–「수많은 별들 중에 나를 택한 당신」 부분

따옴시 ⑩ 「수많은 별들 중에 나를 택한 당신」은 소강석 목사가 미국 워싱턴에 갔을 때 쓴 시다. 우리는 시인을 흔히 별이라 한다. 시인은 죽어도 죽지 않는다. 고 박정희 대통령, 고 정일권 국회의장, 고 백선엽 장군, 모두에게 죽었다는 뜻의 고故자를 붙이지만 일제강점기에 광복을 보지 못하고 30년대에 죽은 김소월이나 이상, 40년대에 죽은 윤동주나 김종한, 50년대에 죽은 박인환, 60년대에 죽은 김수영, 신동엽, 그리고 최근에 죽은 신기섭이나 김충규까지 누구 하나 시인에게는 고자를 붙이지 않는다. 그 시인들은 젊은 그 나이로 우리들의 가슴 속에 살아있기 때문이다.

이제 소강석 목사는 두 가지 영생을 얻었다. 하나님께 구원을 받았으니 천국에 가서 영생할 것은 틀림없는 일이고, 시인이 되었으니 시인 소강석을 아는 사람들의 가슴에 별이 되어 이승에서도 영원히 살 것이다. 소강석 시인은 시에서처럼 워싱턴의 밤하늘을 바라보며 "저는 아브라함의 손목을 끌어 / 밤하늘의 별을 보여주셨을 당신을 생각"하고 있다. 가만히 하늘을 바라보니 수없이 많은 별이 보인다. 저 밤하늘에 찬란히 빛나고 있는 별들은 모두가 이승에서 열심히 남을 속이거나 위해하지 않고 그야말로 하나님의 뜻대로 사랑을 실천하고 살던 사람들이 하늘로 올라가 된 별이다. 시인의 말처럼 아브라함도 이삭도 야곱도 모두가 별이 되었을 것이다. 게다가 우리나라의 을지문덕, 강감찬, 세종대왕, 이순신, 장영실 등과 외국의 처칠, 헤밍웨이, 퀴리부인, 슈바이처 등 수없이 많은 별이 되었을 터인데, 특히 시인들은 모두 별이 된다고 하니 목사와 시인의 두 영역을 석권한 소강석 목사는 이미 저 하늘에 아름다운 별장을 마련해서 불을 켜놓은 것이 틀림없다. 그러니 그 수많은 별들 중에 나를 택하신 하나님께 당연히 감사해야 할 일이다.

우리는 소강석의 시집『어느 모자의 초상』을 읽으며 그가 쓰고 있는 시의 다양성에 대하여 놀란다. 그의 깊은 문학적 깊이에 놀란다. 그의 해박한 역사적 사고에 놀란다. 무엇보다도 '범사에 감사하라'는 하나님의 말씀처럼 매사에 감사하고 도대체 언제 목회하고 언제 등산을 가며 언제 그 수많은 꽃들의 영광과 나무의 미래와 오솔길의 외로움에 대하여 고민할 수 있을까? 삼전도비와 남한산성이 말없이 하늘을 떠받들고 서 있는 이유에 대하여 관여한다는 말인가? 우리는 흔히 '로마는 그냥 이루어지지 않았다'는 속담을 곧잘 읊조리곤 한다. 그런데 소강석 시인의 시집 한 권을 읽어본 결과 소강석 시인과 새에덴교회는 그냥 이루어지지 않았음을 발견한다. 시인 소강석에게는 지극히 시인이 될 수밖에 없었던 철따라 다른 그림을 그려주는 아름다운 고향과 시냇가에서 물고기를 잡던 진한 추억이 있었다. 착한 사마리아사람이 될 수밖에 없었던 훌륭하신 부모님과 엄격한 교육이 있었다. 그리고 보리개떡을 나누어먹으며 나무를 하고 꼴을 베고 자란 형제애와 마당가의 풀꽃이나 소, 닭, 토끼 등 동물들까지도 가족으로 살아왔던 몸에 밴 박애정신이 있었다. 이에 필자는 이 시집에 들어있는 귀한 말씀과 귀한 생각에서 또 다른 성장의 모티브를 발견한다. 그에게는 천재적인 시적 발상과 맑은 샘과 같은 순수 감성이 있다. 다만, 더 심도 있는 문학적 깊이와 이미지 확장을 위해서 다양한 현대시를 읽고 폭 넓은 창작의 세계를 구축해갈 수 있기를 기대한다. 거친 운명과 고난에 맞서 강철 같은 불굴의 의지로 달려왔지만, 그의 가슴에는 여전히 작고 여리고 스러져가는 것들에 대한 사랑과 눈물이 있다. 그래서 그의 시는 아름답고 눈물겹다. 시인 소강석의 이 시집을 통해 하나님의 말씀이 더욱 멀리 깊게, 그리고 강건하게 퍼져 나가길 기도한다.

| 소강석 시집 |

초판인쇄일 2015년 9월 10일
초판발행일 2015년 9월 15일

지은이 : 소강석
펴낸곳 : 도서출판 문학공원
발행인 : 김순진
편집장 : 전하라
디자인 : 김초롱
등 록 : 2004년 3월 9일 제6-706호
주 소 : (우편번호 02586)서울 동대문구 난계로 26길 17호
삼우빌딩 C동 302호 스토리문학사
전 화 : 02-2234-1666
팩 스 : 02-2236-1666
홈페이지 : http://cafe.daum.net/yob51
이메일 : 4615562@hanmail.net

※ 잘못된 책은 교환해 드립니다.
※ 책값은 뒤표지에 있습니다.